계약론과
의무론

사이버 공간에서의 구체화와
그 윤리교육적 전망

계약론과 의무론

김현수 지음

사이버 공간에서의 구체화와 그 윤리교육적 전망

사회사상으로서 계약론과 의무론은 사이버 공간에서 어떻게 구체화되고 있는가?
그리고 그것을 위한 교육적 노력은 어떻게 이루어지고 있는가?

인간사랑

저자 서문

사회사상은 우리 사회의 현상을 근거로 하는 것이다. 따라서 사회사상은 우리 사회에 이미 존재하고 있는 어떤 현상에 관하여 설명하고 정당화하는 기능을 수행하기도 하고, 지금의 모습을 변화시키는 동력으로 작용하기도 한다. 이러한 사회사상은 인류의 역사 속에서 사회의 제도와 관행 및 윤리를 통하여 구체화되어왔다. 따라서 사회사상은 단순히 사상체계 그 자체로서 의미를 지니는 것이 아니라 실천을 전제로 하는 praxis로서 의의를 지니게 된다.

이러한 사회사상의 실천적 의미는 도덕 또는 윤리와 밀접한 연관을 맺게 된다. 윤리를 인간관계의 질서로 이해한다면, 그것은 서로의 관계를 유지하기 위한 인류의 약속과 합의를 요청하는 것으로 연결된다. 이러한 도덕 윤리를 실천하는 인간의 행동은 어떠한 형태의 강압이 아니라 인간 서로에 대한 존중과 사랑이라는 자발적인 동기에 의하여 이루어질 때 진정 성숙한 것으로 평가될 수 있다.

계약론과 의무론에 관한 논의는 기본적으로 철학적 논의의 측면에서 출발할 수 있다. 그러나 그것은 궁극적으로는 자유롭고 합리적인 개인들이 구상하고 합의하는 사회질서를 추구하는 방법론이라는 관점에서 이해될 수 있다. 따라서 이러한 논의는 단지 담론 수준에서 존재하는 것을 넘어서 현실의 분석과 설명, 더 나아가서는 당위와 이상에 관하여 탐색을 시도할 때 사회사상으로서의 생명력을 지니게 된다고 볼 수 있을 것이다.

이 책은 계약론과 의무론이 기본적으로 사회의 구성을 상정하고 있음에 초점을 두고 그 사회사상으로서의 실제에 관해 이해하고자 하였다. 그리고 특히 우리가 살아가고 있는 오늘날의 사회를 정보화 사회로 바라보는 관점에서 출발하고자 하였다. 그리하여 사회사상으로서 계약론과 의무론에 관한 이해를 바탕으로, 그것을 정보화 사회와 사이버 공간에서 해석하고 적용하는 praxis로의 활동과 더불어 그 실천적인 교육적 노력에 관하여 탐색하였다.

이 책을 통해 전개되는 이러한 탐색적 접근은 저자가 그간 도덕윤리교육 관련 학회의 학술지에 발표하였던 논문을 정리하고 재구성하는 방법을 통해 이루어졌음을 밝히고자 한다. 빠른 속도로 변화하는 정보 통신 기술의 발전 추세 속에서 함께 휩쓸려 가기 보다는 그러한 흐름을 주도하는 동력과 그것이 나아가고자 추구하는 방향은 무엇일까? 이러한 문제의식을 지니고 사회사상이라는 측면에서 계약론과 의무론에 입각해 답을 찾고자 하였다.

정보화 시대의 현황과 관련된 내용들, 그리고 전망과 관련된 예측들을 다루고 있는 내용 중에는 시시 때때로 변화하는 현 추세를 민감하게 반영하지 못한 부분도 나타날 수 있다. 그러나 이는 장기적 관점에서 이루어질 시계열적 분석에서 글이 작성되던 당시의 상황과 사회적 이슈들을 파악할 수 있게 하기 위하여 자료의 현상학적 성격을 유지하도록 남겨 두었음을 더불어 알리고자 한다.

이곳까지 인도하여 주신 에벤에셀의 하나님께서 모든 것을 하셨음을 고백하며 영광을 드린다. 책을 쓰는 동안 옆에서 응원해준 아내 조희진과 아빠에게 큰 기쁨과 힘이 되어준 김유안, 김유진, 그리고 부모님과 형제 가족들께 사랑을 보낸다. 늘 기도해 주시는 목사님들과 미문교회 교우님들께, 은사님들과 선후배 동학님들께, 같은 길을 가는 도덕 선생님들과 도덕윤리교육에 관련된 학회에, 그리고 인간사랑 출판사 관계자님들께 고마운 마음을 함께 전한다.

여전히 부족한 부분이 많은 책을 내어 놓는 것이 부끄럽지만 읽는 분들의 너그러운 지도를 부탁드린다. 더불어 그 부끄러움과 가르침을 힘으로 삼아 앞으로 더욱 발전된 연구 성과로 만나 뵙겠다는 약속을 드린다.

2013년 5월 우리 생의 가장 아름다운 어느 봄날, 저자 김현수

계약론과
의무론

목차

1장 새천년의 인간 권리와 인간 의무: 정보의 소유권에 관한 사회계약론적 접근과 가치교육

Ⅰ. 서론

인간 사회, 특히 서구 사회를 이해하는 렌즈로 기능하는 성서는 그 예언자로 하여금 마지막까지 봉인해 두어야 할 비밀에 관하여 언급하였는데, 그것은 마지막 때에 지식이 더할 것이라는 말씀이었다(Daniel 12:4). 그러나 그 비밀은 오늘날 많은 사람들에게 점차 드러나는 현실로 다가오고 있다. 현대를 살아가고 있는 사람들은 연령, 성별, 심지어는 의도하건 않건 간에 어떠한 형태로든 정보와 연관을 맺고 살아가고 있기 때문이다. 그렇다면 지금은 마지막 때인가? 한국의 전통 사상에 의하면 마지막은 새로운 시작을 의미한다. 따라서 이러한 관점에서 바라본다면 지금이 마지막이라는 말에 수긍할 수 있을 것이다. 정보 통신 기술의 등장과 함께 새로운 사회 시스템이 등장하게 되었기 때문이다.

정보의 흐름이 이루어지는 사이버 공간은 순수한 가상의 세계와 실제의 세계 양쪽 모두의 특성을 가지고 있다. 특히 컴퓨터와 정보통신기술로 대표되는 이러한 새로운 전달 매체 속에서 정보는 전통적인 소유의 대상물과는 다른 특징을 가지고 있다. 계약론적 입장에서 본다면, 이러한 공간은 계약론적 시각에서의 '자연 상태'와 유사한 것으로 간주될 수 있다. 또한, 그 속에서 정보를 이용하는 주체가 책임과 의무의 범위에 대하여 합의점을 찾고자 하는 것은 새로운 사회 질서를 찾고자 하는 노력으로 이해될 수 있다.

이와 관련하여, 이 글에서는 우선 사이버 스페이스에서 정보가 가지는 본질에 관하여 살펴보고자 한다. 그에 이어 소유권과 계약론의 흐름에 관하여 살펴보고자 한다. 그것을 바탕으로 정보의 소유에 대하여 권리와 의무의 측면에서 접근하고자 한다. 마지막으로, 정보의 소유권에 관한 논의가 가치교육에서 지니는 의미에 관하여 살펴보고자 한다.

Ⅱ. 사이버 스페이스에서 정보의 본질

1. 지식과 정보의 관계

근대화라는 말이 단지 시간적인 개념 뿐만 아니라 진보적 성향을 의미하는 것이라고 한다면, 인간의 역사가 근대로 진행된다는 것은 지식의 제한 없는 자유화 및 대중화가 이루어지고 있음을 말하는 것이라고 볼 수 있다. 실제, 인간 역사의 전 근대 시대까지는 지식의 습득과 전달이 전체 인구의 약 10%에 미달하는 극소수의 인원에 한정되어 있었던 것으로 추정된다.

근대에 들어와 지식의 확장이 가능하게 된 것은 지식 전달의 수단으로서의 서책의 대량생산을 가능하게 한 인쇄술의 발달에 바탕을 두고 있다고 알려지고 있다. 그러나 그와 더불어 모든 사람들이 정치, 경제, 사회, 문화적으로 자유로와졌다고 말하기는 힘들다. 그것은 지식의 발전에 수반되어야 할 정보의 자유화 및 대중화가 덜 되었기 때문이라고 할 수 있다(URL 1).

이렇게 근대 사회와 구별되는 정보 사회는 가장 넓은 의미에서 인간의 주요 활동이 정보 기술의 지원 하에 이루어지는 사회라고 규정할 수 있다. 이때 정보(information)는 통상적으로 볼 때 자료(data)보다는 좁은 의미로, 그리고 지식(knowledge) 보다는 넓은 의미로 사용된다. 즉 정보는 아직 평가되지 않은 자료를 특정 목적을 위하여 처리·가공한 것이며, 지식은 더욱 추상화되고 일반화된 정보라고 할 수 있다. 그러므로 지식은 비교적 항상적인 의미를 지니는 데 반해, 정보는 지식보다 용이하게 항상 새로운 정보에 의해 대체될 수 있는 가능성을 지닌다.

또한, 지식과 정보의 관계에 있어서, 정보는 관측이나 측정을 통해 수집된 자료를 실제 문제에 도움이 될 수 있도록 해석하고 정리한 지식이라고 정의되기도 한다(URL 2). 다시 말하면, 단순한 천연 그대로의(raw or crude) 지식을 이용 가능하도록 가공한 것이 정보라는 의미이다. 정보의 전달 처리는 원래 사람이 담당했지만, 통신기술과 컴퓨터의 발달로 인하여 새로운 정보의 개념이 형성되고 있다. 이제 정보는 이용하고 제어(control)하기 위해서 생산·전달되고 있으며, 또한 그것을 위하여 정보의 보존과 가공이 이루어지고 있다.

이러한 맥락에서 다니엘 벨(Daniel Bell)은 정보와 지식을 다음과 같이 구분한다: 정보는 넓은 의미에서 처리된 자료를, 지식은 사실에 대한 진술의 조직화된 체계를 뜻한다(Bell, 권태환·조형제 역, 1997: 35). 그러나 이 두 말은 실제로는 혼용되며, 그 결과 정보 사회와 지식 사회는 서로 교환되어 사용되기도 한다. 정보에 대한 이러한 규정은 물론 정보란 의미가 있는 것이며 사물에 대한 지시라는 의미론적 이해에 기초한 것이다. 이와는 반대로 정보는 비 의미론적 관점에서 비트(bits)로 측정되는 어떤 양적 개념으로 규정될 수도 있다.

2. 정보의 의미와 취급

실상, 정보는 새로운 개념은 아니지만, 정보의 가치가 커지게 된 것은 그 접근이 쉬워지고 그 역할이 강력해졌기 때문이다. ㅈ어보가 디지털화(Being Digital)하면서 그 부가가치가 커진 것은 컴퓨터의 발달을 그 하부구조(infrastructure)로 하는 정보통신기술의 획기적인 발달 덕택이다. 컴퓨터의 발달은 인쇄술의 발달과 함께 인류의 문명 발달에 큰 획을 그었다고 할 수 있다. 그런데, 그것은 단지 기술적인 측면에서의 발달로의 의미만을 가지는 것이 아니다. 컴퓨터의 발달은 인간의 두뇌 기능의 확대를 일으켰다. 그와 더불어 컴퓨터 네트워크의 발달로 인한 획기적인 정보의 개방화, 자유화 및 대중화는 인간의 정치·경제·사회·문화적 자유를 더욱 확대시킬 것이라고 전망되고 있다.

이제 정보의 기반은 종이에 글자를 새기는 것으로부터, 전파와 0과 1의 조합으로 정보가 저장되는 전자식 정보로 변환되고 있다. 이와 관련하여, 정보가 컴퓨터 통신에서 어떻게 저장되는가를 자세하게 이해하는 것보다 특별히 더 중요한 것이 있다. 그러한 정보는 새로운 기능을 가지며, 새로운 기회를 제공하고, 우리들에게 중요한 결과를 가져다주는 형태로 나타날 것이라는 점이 바로 그것이다. 그것은 미래에는 정보가 상이하게 저장되고, 체계화 되고, 처리되고, 유통될 것이라는 점을 나타내는 것이다(Katsh, 1995: 25).

현재는 정보 그 자체보다는 정보가 전달되는 수단인 매체를 강조하기 때문에 커뮤니케이션과 관련된 변화를 이해하는 데 어려운 점이 나타나고 있다. 그러나, 이와 더불어 정보의 의미와 취급 면에서 우리의 사고방식이 변하게 될 것이라는 점 또한 중요하게 취급되어야 할 것이다. 우리의 일상에서 생겨나는 변화들은 우리가 어떻게 의사소통하고 정보를 다루는지를 고려하지 않고서는 이해될 수 없다는 것이다. 인쇄와 종이를 매체로 하는 세계에서 정보화 세계로 변화한다는 것은 전통이 소멸하고, 관습이 변화하며, 정보의 의미와 그것을 취급하는 우리의 사고가 바뀌게 된다는 것을 의미한다. 따라서 새로운 기회와 도전이 전개될 것이다.

3. 정보 사회에 대한 이해

정보 사회에 대한 이해는 긍정적 입장과 부정적 입장이 존재한다. 정보 사회를 산업 사회와는 완전히 다른 사회로 보면서 긍정적으로 보는 입장은 정보 사회에서 취급되는 정보는 전통적 의미의 정보와 구별될 정도로 정보의 질이 좋으며, 정보의 확산은 사회적 불평등과 갈등을 해소시킬 것이고, 그러한 정보를 바탕으로 하여 더 나은 미래가 설계될 수 있다고 주장한다. 반면 정보 사회를 산업 사회의 연속선상에서 보면서 부정적으로 보는 입장에서는 정보의 양은 증가했으나 정보의 질은 전혀 변화가 없이 동일하고, 계급적 불평등이 산업 사회와 비교하여 변화가 없이 그대로이거나 심화되며, 미래는 정보화와 관련하여 사람들이 더욱 세밀하게 감시되며 통제될 수 있는 사회라고 주장한다(이한구, 1999: 7-34).

이렇게 정보통신기술의 발달에 따라 정보 사회 또는 정보화 사회라는 말이 널리 사용되고 있지만 아직까지 그 의미가 모호하고, 다양하게 해석될 여지가 존재한다. 또한 그 평가에 있어서도 극히 낙관적인 입장에서 매우 비관적인 입장에 이르기까지 매우 다양한 견해가 존재한다. 그러나, 그 범위와 평가가 어떻게 이루어지건 간에 이와 관련하여 반드시 생각해야 할 세 가지 사항이 있다(川崎賢一 외 1995: 170)

첫째, 정보 사회는 근대 사회를 전제로 하여 성립된 것이라는 점이다. 근대 사회는 산업화와 도시화를 수반하는 특징을 가지고 있다. 이에 대하여 정보 사회는 정보 네트워크로 조직화된 사회로서, 지금까지의 근대사회와는 다른 이질적인 사회로 보는 견해가 존재한다. 그러나 정보 사회에서도 컴퓨터, 통신기기, 회선, 전기 에너지 등 산업화의 산물을 이용하고 있다. 그런 의미에서 근대사회를 전제로 하지 않고는 성립할 수 없는 것이 정보 사회이다.

둘째, 정보 사회는 사회 구성원들에게 자동적으로 이익을 가져다주는 것이 아니라는 점이다. 이익을 얻는 사람이 있는가 하면, 불이익을 당하는 사람도 있다. 그리고 이러한 현상은 무작위로 일어나는 것이 아니다. 따라서 정보화를 단순한 사회적 변화의 흐름이라기보다는 인간에 의한 정보환경의 의도적 변화로 파악하는 것이다. 그리하여 정보화에 의한 이익 분배에는 인간의 의도가 작용하고 있다는 것을 정보 사회의 본질로서 이해하는 것이 중요하다.

셋째, 정보환경의 가능성과 그 구체적인 실재(reality)는 다르다는 점이다. 정보처리 및 통신기술의 혁신으로 우리들의 정보환경은 그 가능성과 선택 대안이 확대되어 가고 있는 것만큼은 분명하다. 그렇지만 실제로 그러한 가능성이 충분히 실현되느냐 하면 반드시 그런 것만은 아니다. 오히려 사회제도, 비공식적 사회관계, 그리고 관습 등에 의해 선택의 폭이 좁아지는 경우를 종종 발견할 수 있다.

Ⅲ. 소유권, 계약론, 그리고 정보의 기술적 속성

1. 소유권 사상의 이해

소유권 사상은 일정한 사회관계를 사람과 물(物)과의 직접적 관계, 즉 사람에 의한 물의 지배관계로 이해하고, 표현하고, 정당화하며 그 관계에 다양한 제도적 편성을 부여하는 이데올로기 로 이해될 수 있다. 소유권의 전제로서의 소유는 이러한 문맥에서 물의 지배 자체인 동시에 거기에서 물의 지배관계로 이해되는 사람의 지배라는 사회적 관계이다. 따라서 소유는 뚜렷한 역사적 현상이다. 다시 말하면, 첫째로, 소유는 하나의 사회관계이다. 둘째로, 소유는 역사적 존재이며 현상이다. 셋째로, 소유는 그 사회관계와 떼어놓고 이해할 수 없다. 특히 자본주의 사회에서는 더욱 그러하다(甲斐道太郎 외, 강금실 역, 1984).

전통적으로 소유라는 말은 일반적으로 물이나 재산을 상기시키는 것이었다. 어떤 사람이 그 물을 지배하고 자기의 생각대로 처분할 수 있는 상태에 있을 때 그 대물적 지배가 소유이고, 그 이익 보호를 위한 관념이 소유권이라고 생각하는 것이 자연스러운 것이었다. 그러나 그러한 설명은 소유 및 소유권의 특정한 측면을 단적으로 파악하고 있는 것이다.

그런데, 소유가 대물지배권이라고 하는 의미는 특정한 사람과 특정한 물의 관계를 시초로 시작하는 것이다. 따라서 소유는 처음부터 어떤 물을 지배하는 특정인과 그 물을 지배하지 않는 타인과의 인적인 관계를 포함하는 대물적 관계이다. 또한, 물의 지배는 일정한 이익의 향수를 목적으로 행하여진다. 물의 존재가 한정되어 있어서 모든 소유를 충족시키지 못하는 곳에서 소유는 특정인에 한하여 이익을 향수 시키는 관계로 나타나고 전체적으로 이익을 누리는 자와 그렇지 못한 자가 같은 사회 속에서 서로 어떠한 위치 및 관계에 놓여지는가를 결정하는 기본적 요소가 된다.

2. 계약론의 흐름

이제, 소유권의 흐름과 관련하여 역사적으로만 고찰이 가능한 소유라는 일정한 사회관계를 정당화하고 제도화하는 어떤 이념의 전개과정을 계약론과 관련지어 살펴보고자 한다. 이것은 소유권 사상의 성숙을 하나의 척도로 해서 소유라고 하는 뚜렷한 역사적 현상이 근대에 들어와서 어떠한 구조를 지닌 형태로 생성·전개되었는가에 관하여 고찰하는 것을 의미한다. 또한, 그 내용은 봉건제에서 자본주의로 이행이 이루어지면서, 근대적 소유권이 성립하기까지의 과정과 그 문제 영역이 되겠다.

근대 자연법 사상은 국가 및 사회가 성립하기 전에 놓인 인간의 상태를 이론적으로 가정하고 그 가정에서 국가 및 사회가 가져야 할 갖아 이상적인 모습을 나타낸다는 공통적 특색을 지니고 있다. 그런데, 그것은 자본주의적 진화의 발전 단계와 발맞추어 등장했을 뿐만 아니라, 봉건적 사회의 변혁을 거쳐 성립한 국가와 사회를 보전하여야 한다는 주장을 이끌어내기 때문에 소유권 사상의 성숙에 기여하였다.

홉스의 리바이어던에서는 자연법사상의 초기에는 인간의 자연상태, 곧 만인의 만인에 대한 전쟁상태가 시민사회 및 국가를 형성하기 이전의 인간의 미개상태를 의미하고, 이 미개상태는 시민사회와 국가로 대치됨으로써 인간의 자연 상태로부터 국가사회의 형성이라는 극적인 전환이 일어난다고 날카롭고 긴장된 어조로 이야기하고 있다. 이에 대하여 로크의 시민정부이론에서는 자연 상태로부터 시민사회 혹은 정치사회로의 이행은 홉스가 이야기하였던 것만큼 극적인 전환을 포함하고 있다고 보지 않으며, 오히려 연속적인 발전 과정이라고 묘사하고 있다. 근대 자연법사상과 관련하여 로크는 국가를 형성할 때 성립하는 시민의 사회계약은 주로 자연 상태에서는 불안정한 소유권의 보장을 주요 목적으로 한다고 주장한다. 이 점에서 그는 홉스의 이론과 일정한 차이를 나타낸다.

홉스와 로크에게서 나타난 이러한 차이점은 역사적 발전단계가 서로 다른 데에서 비롯된다. 두 사람의 차이는 자연 상태에서 소유권이 이미 성립하고 있다고 상정하는가, 그렇지 않다고 보는가 라는 점에 가장 집약적으로 나타나고 있다. 홉스의 경우에는 자연 상태를 전쟁상태로 묘사함으로써 생존권이 인간의 권리 가운데 핵심적인 내용을 이루는 것으로 파악하고 있다. 반면 로크에게서는 소유권과 생존권은 서로 모순된 것으로 파악되지 않고, 도리어 생명, 자유, 재산의 총칭이라고 여겨진 소유권이 자연권의 중심적인 내용을 이룬다고 파악함으로써, 자연 상태로부터 시민사회, 정치사회로의 이행은 이러한 의미에서 소유권의 안전과 보호가 양적으로 확대되는 과정이라는 식으로 묘사되고 있다.

시민혁명기의 소유권 사상이 영국에서 근대적 형태로 편성되고 수정된 자연법사상을 기점으로 하여 로크에게서 나타나는 바와 같은 근대 자연법사상으로 체계화 되었을 때, 거기에서는 사람의 자기 신체에 대한 포괄적 소유라는 관념을 바탕으로 노동생산물에 대한 소유와 아울러 노동 그 자체의 자유가 재산권과 자유라는 기치 하에 절대적인 진리인 것처럼 생각되고 정당화되었다. 이에 반해 일반적으로 자유방임국가(Laissez Faire)의 성립을 가져왔다고 말하는 산업자본주의 단계에서는 소유관념 자체가 노동력 '상품'과 자본이라는 질적으로 상이하고 서로 대립하는 존재를 전제로 하여 구성되지 않을 수 없게 되었다. 그 결과 '자기 신체에 대한 소유'라는 관념 자체도 커다랗게 수정된다.

이리하여 무릇 소유란 실정 국가법상의 규범, 곧 소유권에 근거하고 소유권에 의하여 정당화되는 것이라는 새로운 소유권 사상이 등장하게 된다. 소유권이 사람의 물에 대한 지배관계, 곧 보다 물적인 관계로 생각되기에 이른 이러한 '소유권 사상'의 성립은 이미 언급한 소유권의 규범 구조적 차원에서의 변화와 보조를 맞추는 것이라고 이해될 수 있다. 로크 이래 소유권 사상의 전개과정은 대체로 경험주의적 사상으로 전개되었다.

그 이후 이러한 계약론적 전통에 반대하는 입장으로 공리주의가 등장하게 되었다. 공리주의의 기초를 설정한 흄은 사회계약설적 국가형성론을 부정한다. 그는 로크가 말한 자연권적 소유권론과 아울러 국가를 계약의 소산이라고 생각하는 이론을 부정한다. 이후 공리주의는 벤담, 밀 등의 사상가로 이어지며 사회적으로 적용 가능한 개인윤리를 찾고자 하는 시도로 나타나게 되었다. 그것은 윤리적 행위는 행복을 가져오는 행위라고 규정한다. 행복이 클수록 해우이의 도덕적 가치가 크며, 사람들이 더 많은 행복을 얻으면 얻을수록 그들의 행위는 더욱더 칭찬할 가치가 있다고 본다. 공리주의는 옳고 그름, 그리고 의무의 궁극적인 기준은 선의 극대화를 위한 공리의 원칙이라는 견해이다(Sahakian, 송휘칠·황경식 역, 1998: 228).

앞서 살펴보았듯이 소유는 사회적 관계와 연결되어 있으며, 따라서 그것은 필연적으로 사회정의의 문제와 밀접한 관련을 맺게 되어 있다. 그런데, 고전적 공리주의의 원칙에 따르면 개인적인 자유와 같은 다른 가치들이 희생되어 기본적인 직관에 위배되며, 또한 최대 행복과 최대 다수의 원리는 서로 상충할 수 있다는 문제점이 있다.

롤즈는 사회 정의와 관련하여, 공리주의에 대한 역사적 대안으로서의 직관주의를 넘어서는 계약론적인 가설을 제시하고자 하였다. 공리주의는 공리의 원칙을 제시함으로써 원칙들 간의 상충 문제인 우선성의 문제를 해결하고자 하였다. 그러나 롤즈는 정의의 어떤 측면은 공리에 의거하지 않으며 공리의 총량과 개인의 불행이 공존할 수 있음을 제시함으로써 이를 비판하였다. 예를 들면 노예제나 소수의 인권을 유린함으로써 전체의 공리는 높아질 수 있는데 공리주의는 이를 막지 못한다는 것을 지적하였다. 또한, 롤즈는 직관주의에 기초한 현실적인 대안을 제시하였다. 정의는 계산의 결과가 아니라 모든 계산의 출발점으로서 계싼 이전에 전제된다고 주장하였다. 즉 정의는 행복을 계산하는 산출 근거에 관련된다(Rawls, 황경식 역, 1985).

계약론과 공리주의의 관계는 도덕성의 측면에서 설명되기도 한다. 도덕성은 우리의 상호 보호를 위한 장치로 이해될 수 있다. 이 경우 계약론에 의하면, 이러한 관점은 부분적으로 진실이기는 하지만 완전한 방법이 아니라는 것이 중요하게 취급된다. 우리들의 주된 이익을 보호한다는 것은 우리가 이성적으로 동의할 수 있는 것의 중요한 효과가 될 것이다. 공리주의에 의하면, 보호라는 문제는 근본적인 것이며, 일반적 합의는 이 보호를 확고하게 하기 위한 하나의 수단이나 필수적인 조건과 관련된 것이 된다. 반면, 계약론적 입장에서는, 보호의 욕구는 도덕성의 내용을 결정하는 중요한 요소가 된다. 그것이 이성적으로 합의될 수 있는 것을 결정하지만, 일반적 합의라는 문제가 보호를 확고하게 하는 수단으로 등장하지는 않기 때문이다. 그것이 더 근본적인 의미에서 도덕성의 본질을 논하는 것이라는 점에서 계약론은 공리주의의 대안으로 제시될 수 있다(Scanlon, 1997).

3. 공유 메커니즘으로의 정보

위에서 검토한 바에 의하면, 단순한 지식과 구별되는 정보의 특징 중 하나는 다수 대중의 이용을 지향하고 추구하는 지식이라는 점이다. 그런데, 그것은 컴퓨터 네트워크나 통신기술의 발달과 더불어 유통 구조상에서 전자 매체를 바탕으로 이룩되고 있다. 인터넷, 전자우편, 월드와이드웹(www), 기타 응용 프로그램들은 사람들에게 정보를 퍼뜨리고 또 탐색할 수 있는 많은 다양한 방법들을 제공하고 있다. 컴퓨터 이외의 정보기반 역시 이미 존재하는 것이며, 컴퓨터와 연결하여 점점 확대되는 추세이다. 유선 전화 및 이동 전화, 텔레비전, 라디오, 팩시밀리 등이 매일 정보를 송수신하고 처리하기 위해 사용되고 있다. 광섬유, 전선, 케이블, 스위치, 장거리 전화망, 초단파 방송망, 통신위성 및 기타 통신기기들이 전화, 팩시밀리, 컴퓨터 등을 연결하고 있다.

이러한 것들은 개인과 제도가 정보와의 새로운 경험을 하게 된다는 것을 의미한다. 정보가 종이에 인쇄되지 않는다는 것은 공간과 거리의 제약이 줄어들고, 경계선이 간혹 없어지기도 하며, 실제 생각했던 것보다 정보가 더 유동적이고 융통성 있게 되어 간다는 것을 의미한다. 이러한 것들은 정보 복제의 용이함과 신속함, 복제의 질과 관련된 이슈들, 정보의 조작과 개작 가능성, 복제물이 대중에게 전달되는 속도가 극적으로 빨라지는 것 등과 관련된 논의가 활발하게 일어날 것이라는 점을 의미한다(United States Information Infrastructure Task Force, 1995).

따라서 어떠한 정보가 통신망에 올라가 있다는 것은 정보를 이용하건 이용하지 않건 간에 누구나 정보에 접근할 기회가 증대되어 있다는 특징을 갖고 있으며, 이러한 점에서 네트워크상의 정보는 공유적 속성을 매우 강하게 나타내고 있다. 즉, 이러한 정보의 네트워크화는 공유를 촉진하는 메커니즘이라고 볼 수 있다. 이때 정보의 소유권은 네트워크 상에서 주장되는 것인데, 이는 누구나 정보와 어떠한 정도의 상관관계를 이미 가지고 있다는 것을 전제한다는 의미이다.

따라서 정보는 공공재와 다소 유사한 속성을 나타내게 된다.

정보의 소유에 관하여 권리와 의무를 설정하는 궁극적인 목적은 정보의 소유와 사용에 관하여 자발적으로 윤리적 규범을 실천하자는 것이다. 따라서, 이를 위하여 근원적으로 필요한 것은 엄격한 윤리적 조건 또는 정언명법적 윤리규범의 실천이다. 그러나 그것을 향하여 나아가는 전 단계로서, 쌍방 간에 유리하고 자체적으로 구속력(self-enforcing)을 가지는 협력적 대안을 구체화시키는 방안으로서 계약론적 시각이 의미를 가지게 된다. 이 경우 정보를 사용하는 행위자들 사이의 관계는 상호간의 협력적 관계를 쉽게 구축할 수 있는 구도에서 접근되어야 할 것이다.

Ⅳ. 정보의 소유에 대한 권리와 의무

1. 정보와 사회적 계약 관계

정보 사회에서의 시민은 무엇보다도 자율적이어야 한다. 주어진 상황 속에서 주체적인 입장에서의 '옳음'과 '좋음'의 판단 기준에 따라 행동하는 사람이 되어야 한다. 자율적 인간은 자기 선택과 판단을 소중하게 여긴다. 이것은 정보 사회 속에서 인간이 지녀야 할 일차적인 도덕적 덕성이라고 볼 수 있다. 이와 더불어, 인간은 자신과의 관계를 통해서가 아니라 타인들과의 관계를 통해서 보다 완전해질 수 있는 존재이다. 따라서 자신의 행동이 타인들에게 어떠한 영향을 미칠 것인지를 고려하는 연관성을 가져야 할 것이다. 타인과의 올바른 관계 형성을 통해 연관성을 키우는 것은 인간의 삶에 근원성을 제공해 준다. 인간의 자율성은 문화적 존재로서의 자율성을 의미하는 것이기 때문이다(추병완, 1999: 481).

이러한 측면에서 사회적 계약을 통하여 정보의 소유에 대한 권리와 의무의 범위에 관하여 한정한다는 것은 사회 성원들이 일반적으로 동의할 수 있는 어떤 합의점을 찾고자 하는 시도이다. 이를 위해서는 토론을 하는 능력과 더불어, 타인의 의견에 맹목적으로 추종하는 것이 아니라 자율적 판단을 바탕으로 하여 의견을 달리 할 수 있는 능력이 필요하다. 토론을 위해서는 우리의 사적 도덕을 공적으로 표현하는 예의가 필요하다. 그것은 우리가 공정하고, 의견을 달리하는 사람들에 대해 관대할 것을 요구한다. 그것을 위해서, 우리는 어떤 것을 바라보는 방법이 단 한가지 밖에 없다고 생각하는 도덕적 배타성(moral exclusiveness)을 극복할 필요가 있다. 또한, 우리의 주장보다 더 나은 주장이 제시될 때 기꺼이 양보하는 선의지(good will)를 키워나가야 할 필요가 있다(Saberson, 1997: 30). 그것은 합의와 의사소통을 위한 본질에 해당하는 것이다.

합의 가능한 정보 소유의 범위를 설정한다는 것은 하나의 원리를 추구 또는 탐색하는 것이라고 볼 수 있다. 원리의 본질은 다음과 같이 이해된다: 원리는 우리의 행동을 위한 지침이다. 즉, 원리는 실천적인 지식과 경험의 총화를 나타내는 것으로, 이전의 경험들을 통찰력 있는 방식으로 요약한 결정적 요점이다. 또한, 원리는 융통성 있는 지침이다. 그것은 언제 어디서 무엇을 해야 할 것인지에 대한 더욱 구체적인 가르침을 포함하는 규칙과는 구별되는 것이다. 어떤 특수한 상황에 하나의 원리를 적용하기 위해서는 판단이 필수적으로 요청된다. 따라서 원리를 적용하는 것은 깊이 생각하는 과정이다. 궁극적으로는 폭넓은 원리를 특정한 상황에 어떻게 적용할 것인지에 대한 개별적인 판단이 이루어져야 한다(Saberson, 1997: 32-35).

소유의 대상물로서 정보가 가지는 특징은 다음과 같다: 첫째, 정보는 시간적인 차원을 가지고 있다는 것이 특징이다. 시간과 함께 가치가 감소하고 미래의 목표를 위한 결정에 필요한 정보가 가치를 결정한다는 것이다. 둘째, 많은 복사 또는 복제를 수행할 수 있다. 다른 물건과는 달리 복사를 한 대상물도 원본과 동일한 가치를 지닐 뿐만 아니라, 복사하여 양도·전달하여도 정보의 원천이 가진 정보는 그대로 남아 있다는 것이다. 셋째, 정보의 수신자도 노력을 해야 한다는 점이다. 필요한 의미 내용을 얻기 위해서는 대량의 정보 중에서 필요한 정보를 가려내야 하며, 그것을 해독할 수 있어야 한다(URL 2).

이러한 정보의 특징과 관련하여, 정보 소유권의 범위에 관하여 어떤 규칙을 제정하고자 하는 시도가 있을 수 있다. 규칙은 매우 간단하여 도덕적 판단을 유보하고 단순히 실천하기만 하면 되기 때문이다. 그러나 정보통신 기술은 끊임없이 발전하고 있다. 따라서 기술의 발전 속도를 규칙으로 해결하고자 하는 시도는 또 다른 지체현상을 발생시킬 수밖에 없다. 따라서 정보의 소유권에 관한 합의는 사회적 계약을 통한 원리 설정의 수준에서 추구될 수 있을 것이다.

2. 권리의 수준

어떤 사회에서는 전통적으로 지적 발견이나 발명 등을 발견자 또는 발명자의 사유재산권으로 생각하지 않는다. 새로운 아이디어나 기술을 모든 사람이 자유로이 공유할 수 있는 공공재로 간주하는 것이다. 이것은 물질적인 이득 보다는 문화적 평가가 창조활동의 동기가 될 때 가능한 것이다. 그러나 현대적 의미에서의 정보의 경제적 가치는 비록 무형의 재산이기는 하지만 유체물에 못지않게 높다. 특히 이것은 디지털 부호로 표현되는 정보의 의미적 특성의 측면 보다는 사용과 관련된 가치적 측면에서 큰 의미를 가지는 것이다. 이제 정보가 경제적·정치적 영향력의 근원이 된 것이다. 이러한 정보의 보호와 개발 촉진을 위하여 정보의 소유권을 어떤 일정한 사회적 계약 관계로 한정시킬 필요가 있다. 즉, 정보의 최초 소유자와 후 이용자 사이의 관계에서 권리를 어떻게 이전하고 받을 것인가에 관한 합리적 관계를 형성하자는 것이다. 즉, 서로 너무 과도한 권리의 주장을 해서는 안 된다는 것이다.

저작권의 사례는 정보의 소유권과 관련한 직접적 사례로 제시될 수 있다. 저작권의 기본적인 목적은 저작자의 노동에 대해 보상하려는 것이 아니라, 과학과 실용 예술의 발전을 초진하는 것이라고 미국의 판례는 말하고 있다. 이러한 목적에서 저작권은 저작자에게 그들의 독창적인 표현에 대한 권리를 보장하는 대신 다른 사람들이 저작물에 담긴 아이디어와 정보를 자유로이 토대로 이용할 수 있도록 장려한다. 그것은 개인적인 이득으로 개인의 노력을 이끌어내는 것이 저작자와 발명가 등의 재능을 활용하여 공공복리를 증진하는 최선의 방법이라는 확신을 바탕으로 하는 경제철학이다. 저작권은 이 세계에 지속적인 혜택을 주는 저작물의 산출을 더욱 독려하기 위해 저작자에게 유용한, 강제력이 있는 권리를 한정적으로 부여하려는 것이다. 저작자에게 보상하는 것은 직접적인 효과를 주는 것이다. 그러나 그 궁극적인 목적은 공동선을 추구하여 저작자의 뛰어난 창조적 산물을 동료 시민들에게 공개하도록 유인하는 것이다(United States Information Infrastructure Task Force, 1995).

이러한 정신은 정보의 소유와 관련된 권리의 수준에도 동일하게 적용될 수 있을 것이다. 일반적으로, 저작권과 관련하여 저작권자가 지니는 배타적 권리는 다음의 다섯 가지 형태로 나타나게 된다: 복제권, 2차적 저작물 작성권, 배포권, 공연권, 전시권(Miller & Davis, 1990). 이러한 배타적 권리에 대한 제한은 이용자의 권리로 이해되기도 한다. 그러나 기술적으로 이것은 책임에 대한 명백한 면제이거나 이것이 없었더라면 침해가 되었을만한 행위에 대한 적극적인 방어수단이라고 할 수 있다. 이러한 것들은 공정한 이용, 도서관의 면책, 최초판매이론, 교육목적의 이용에 대한 면책, 기타 몇 가지 구체적인 사안들에서 이루어진다.

이러한 측면에서 정보의 소유와 관련하여 행사할 수 있는 권리는 지적 재산권을 존중하는 차원에서 권리를 인정하는 것을 기본적인 원칙으로 취급할 것이다. 그런데 권리의 수준은 보호의 대상과 관련된다. 네트워크상에서 의미를 가지는 정보는 기본적으로 누구나 이해당사자로서 관계를 가지고 있으며 접근할 수 있다는 것을 의미한다. 따라서 정보의 소유와 관련된 권리를 적극적인 배타성이라는 의미에서 해석하는 것은 옳지 않다. 대신, 정보 소유자의 권리를 정보의 최초 개발을 촉진하는 범위라는 일정한 정도에서 인정하고, 그것을 넘어서는 부분에 있어서는 정보의 이용 또는 점유의 개념에서 접근할 필요가 있겠다. 정보에 대한 개인주의적 집착은 정보 사회의 인격성이 어떤 고정된 형태로 정형화 될 수 없기 때문이다.

3. 의무와 허용의 수준

정보통신기술을 이용하는 모든 사람들이 지는 근원적인 의무는 사회 인트라(intra) 기반의 안정성에 해가 되는 행위는 금지되어야 한다는 것이다. 해킹이나 컴퓨터 바이러스의 유포 등과 같은 행위는 정보와 의사소통의 공간 자체를 파괴시키는 행위이다. 또한, 정보를 장악하고 있는 사람이 정보를 날조하는 정보의 조작 행위는 정보화 시대의 가장 큰 적이라고 할 수 있다. 사이버 공간 상에서 동등한 구성원으로서의 개인 및 집단이 개성적 주체로서 다원적 삶의 가치를 존중하고 권리를 인정받기 위해서는 능동적이고 자율적인 통제라는 의무가 전제된다.

정보의 소유와 관련된 또 다른 중요한 부분은 프라이버시와 관련된 부분이다. 프라이버시의 기본적인 목적은 개인과 다른 사람들 사이에 약간의 공간을 확보함으로써 개인의 자율성을 보호하려는 것이다. 그러나 지금은, 정보기술의 발달과 더불어 공간의 접근이 쉬워지고 경계가 사라져가는 추세이다. 개인들은 자신들에 관한 정보의 흐름을 통제하기 매우 어려운 상황에 처하게 될 것으로 예측된다. 그러나 그들은 정보의 획득, 처리, 분배를 위한 새로운 도구로 정보통신기술을 받아들이게 되었다. 따라서 인간성의 본질은 고립이 아닌 관계라는 측면에서, 프라이버시는 언제 관계를 맺으며 맺지 않을 것인지를 선택하는 자유와 관련된 문제로 전개될 것이다(Katsch, 1995: 358). 이러한 점에서 개인의 프라이버시를 존중하는 것은 정보의 수집과 소유에 우선하는 의무라고 이해할 수 있다.

최초로 정보를 개발하는 사람은 사회적으로 규정된 범위 이상으로 과도하게 권리를 행사하지 않아야 할 사회적 형평성의 의무를 진다고 이해할 수 있다. 새로운 정보의 생산 활동은 무엇이건 사회의 기반시설(infrastructure)을 이용하고 그 도움을 받는 것이다. 공공의 혜택을 바탕으로 개발되는 이러한 정보의 속성 때문에 사회의 기반이 되는 정보는 공유 또는 점유의 대상이 되어야 한다. 단, 그것을 바탕으로 하여 응용 개발되는 2차적 정보는 개발자에게 다소 배타적인 소유권을 행사할 수 있도록 그 권리를 인정해 줄 수 있을 것이다. 또한, 정보의 2차적 이용자는 정보와 관련된 권리의 이전 속에서 최초개발자의 이익을 침해할 정도로 금전적인 이익을 과도하게 추구하지 않아야 한다. 이것은 사회의 공유적 차원에서 비용을 지불하지 않고 2차적으로 정보를 이용 또는 점유할 때에는 개인적 범위에서 이용해야 한다는 의무와 허용의 수준을 규정하는 것과도 연관된다.

만약, 우리가 이익을 극도로 추구하게 된다면 결국 그것은 달성할 수 없는 하나의 유토피아에 지나지 않게 된다. 그것은 합리성을 가진

이기적 개인들이 필연적으로 빠질 수밖에 없는 함정이다. 정보의 소유에 대하여 일정한 정도의 의무를 설정하고 제한을 가하는 것은 궁극적인 권리를 확보하는 바탕이 될 것이다.

V. 정보의 가치 교육적 의미

1. 정보와 도덕의 관련성

산업 사회와 정보 사회의 불연속성을 주장하는 사람들 가운데 일부는 새로운 윤리를 주장하고 있다. 첫째로, 이들은 정보 기술의 발전에 따른 정책적 진공 상태가 존재하고 있다는 점을 부각시키고 있다. 둘째로, 그들은 개념적 혼란 때문에 기존의 윤리학 이론들을 단순하게 적용하는 것이 불가능하다는 점을 지적하고 있다. 그러나 그들은 새로운 윤리가 어떤 것인지에 대해서는 아직 제대로 된 이론적 틀을 갖춘 답변을 하지 못하고 있다.

한편, 산업 사회와 정보 사회의 연속성을 강조하는 사람들, 그리고 대부분의 윤리학자들은 정보 사회라고 해서 우리의 윤리적 규범이나 기준이 달라질 것은 없다고 주장하고 있다. 이들은 정보 기술의 발달에 따라서 가치 기준의 적용 방식과 수단만이 변화할 따름이지 윤리적 규범이나 기준 자체가 변화하는 것은 아니라는 입장을 나타내고 있다. 따라서 이들은 전통적 윤리 체계에 대한 재해석이 요구될 뿐

전혀 새로운 형태의 윤리가 필요한 것은 아니라는 주장을 하고 있다.

따라서 전통적 제도, 윤리, 도덕의 소멸로서 대체(replacement)라는 관점에서가 아니라, 적응과 작동의 형태 변화로서의 변천(displacement) 또는 재해석의 과정에서 이러한 일련의 정보화 과정과 윤리가 관련된 측면을 살펴보아야 할 것이다. 이것은 물론 전통적 윤리 규범이 정보 사회에서도 기계적인 방식에 의해 그대로 적용될 수 있다는 것을 함축하는 것은 아니다. 전통적 윤리 규범에 대한 창조적·비판적 해석과 평가가 반드시 이루어져야 한다는 것이다. 따라서 정보 사회는 이전 사회에 비하여 우리에게 더 많은 도덕적 상상력과 더 높은 수준의 도덕적 인격을 갖출 것을 요구하고 있는 것이다(추병완, 1999: 479)

2. 정보 윤리 교육의 방향

이상적인 사회는 시민들이 악행을 금하는 사회이다. 그런데 그것은 악행이 불법적인 것이기 때문이 아니라, 그러한 행동이 도덕적 잘못이라는 이유에서 악행을 금하는 사회이다. 만약 우리의 유일한 억제력이 법적 억제력이라면, 입법자와 법률학자들이 모든 가능한 범죄의 통로를 틀어막기 위해서 온갖 시도를 하게 되는 악몽 같은 사회가 될 것이다. 정상적인 경우에 법은 옳고 그름에 대한 강력한 감정을 제공해주는 규정적인 도덕적 틀에 기반을 두는 가운데 도덕에 반응할 때 그 기능을 잘 수행한다(Saberson, 1997: 57).

따라서 컴퓨터 시대의 윤리적 문제에 대처해 나가기 위한 바람직한 방안은 다음 두 가지 측면에서 접근할 수 있을 것이다: 첫째로, 관련 법규의 제정과 강화를 통하여 컴퓨터와 관련된 인간의 비윤리적 행동을 직접적으로 규제하고 처벌하도록 한다. 둘째로, 동시에 사람들에게는 컴퓨터 시대의 여러 가지 문제에 대한 윤리적 인식 능력을 갖추게 하는 것이 병행되어야 한다고 볼 수 있다.

정보 윤리 교육은 인간의 존엄성과 고귀함에 대한 인식을 고양하는 것을 목표로 해야 한다. 컴퓨터를 중심으로 한 정보의 핵심은 합리성이다. 그러나 인간은 합리성보다 도덕성을 우위에 놓고 이해해야 하는 존재이다. 합리성은 인간의 도덕적 차원에 보조적 역할을 하는 것에 불과하다. 인간이 모든 경우에 도덕적으로 행동하는 것은 아니다. 그러나 도덕적 차원이 사람됨의 주요 구성 요인이며, 우선적으로 도덕적 차원을 통하여 사람은 사람다움을 지닐 수 있기 때문이다.

이와 관련하여, 정보 윤리 교육은 다음의 세 가지 사항을 포함하여야 할 것이다. 첫째, 윤리 이론에 대한 배경 지식, 즉 윤리학에서의 몇 가지 중요한 핵심 개념을 다루어야 한다. 둘째, 컴퓨터가 사회적으로 미치고 있는 실질적인 영향과 잠재적인 영향에 대한 분석을 모두 포괄해야 한다. 셋째, 컴퓨터 시대의 개인의 역할과 덕성을 강조하는 내용이 포함되어야 할 것이다. 또한, 정보 윤리와 관련된 가치 교육의 방법은 학생들이 컴퓨터 시대에 야기되고 있는 우리 사회의 윤리적 문제들을 스스로 발견할 수 있도록 도와주고, 그러한 문제와 관련된 구체적 사례들을 중심으로 학생 상호간의 토론을 유도함으로써 그들의 윤리적 분석 능력과 문제 해결 능력을 신장시켜 주는 것이 좋은 방법이 될 것이다.

윤리란 인간의 의도와 사회 체제 사이의 어떠한 관계로 설정될 수 있다. 만약 윤리를 실천을 담보하는 것과 관련된 전략적 주제라고 간주하고 접근한다면, 어떠한 윤리의 확립은 사회 구성원들 사이에서 바람직한 사회 체제를 구성하고 운영하기 위한 전략이라고 이해할 수 있겠다. 이러한 경우, 사회 체제는 각각의 사회구성원들의 윤리적 시각에 기초하는 것이다. 따라서 가치 교육은 사회 구성원들 사이에서 합의를 도출해 내는 시원적인 단계가 되는 것이며, 또한 각 개인들이 윤리적 자각을 통하여 적극적으로 참여하는 활동에 근거하여 정보 윤리와 관련된 사회 체계를 형성하는 것은 가치 교육을 통해 접근될 수 있는 중요한 내용으로 평가될 수 있을 것이다.

정보화 사회의 문화는 공유와 참여의 문화, 그리고 창의와 혁신을 지원하는 비 탐닉적 문화가 되어야 할 것이다. 이를 위해서는 정보 자원을 독점적으로 이용하기 보다는 많은 사람들이 공유할 수 있도록 학습 기회와 이용 기회를 제공해야 한다는 폭넓은 사회적 합의가 형성되고, 자유로운 상상력과 창의력을 중시하여 이에 높은 사회적 가치를 부여하는 분위기가 조성되도록 해야 할 것이며, 정보 문화가 탐닉적이고 쾌락적인 방향으로 치우치지 않도록 하는 자율적인 가치 교육이 이루어져야 할 것이다. 이러한 바탕에서 이루어진 정보 윤리가 형식적, 법률적 범주를 넘어서 일상 생활 속에서 뿌리를 내릴 수 있을 것이다.

참고문헌

Bell, Daniel (1979), "The Social Framework of the Information Society", in L. Dertouzos & J. Moses (eds.), *The Computer Age: A Twenty-Year View*, Cambridge: MIT Press, 권태환·조형제 편, 『정보 사회의 이해』(미래미디어, 1997).

Daniel 12:4 "But you, Daniel, close up and seal the words of the scroll until the time of the end. Many will go here and there to increase knowledge." (개역 개정판 한글 성경전서: 다니엘아 마지막 때까지 이 말을 간수하고 이 글을 봉함하라 많은 사람이 빨리 왕래하며 지식이 더하리라)

Hammond, R. G. (1992), *Personal Property*, Oxford: Oxford University Press.

Harris, J. W. (1996), *Property and Justice*, New York: Oxford University Press.

Katsch, M. Ethan (1997), *Law in a Digital World*, Oxford: Oxford University Press, 김유정 역 (1997), 『디지털 시대의 법제이론』, 도서출판 나남.

Kenichi Kawasaki, Akifumi Tokosumi, Yasuyuki Kawaura, Haruo Takagi, Kaoru Endo, Dalsaburo Hashizume, Hajime Yasukawa (1995), *Computer-Mediated Communication: A Sociology Computer Mediated Interaction*, Seoul: Information Culture Center of Korea, 川崎賢一 외 6, 한국정보문화센터 편 (1995), 『정보 교류의 사회학』, 한국정보문화센터.

Miller & Davis (1990), *Intellectual Property*, St. Paul: West Publishing.

Rawls, John, 황경식 역 (1985), 『사회정의론』, 서울: 서광사.

Sahakian, William S., 송휘칠·황경식 역 (1998), 『윤리학의 이론과 역사』, 서울: 박영사.

Scanlon, T. M. (1997), "Contractualism and Utilitarianism", Stephen Darwall, Allan Gibbard & Peter Railton (eds.), *Moral Discourse and Practice: Some Philosophical Approaches*, Oxford: Oxford University Press.

Seberson, Richard (1997), *The Principles of Information Ethics*, 리처드 새버슨 저, 추병완 역 (2000), 『정보사회의 윤리』, 서울: 철학과 현실사.

United States Information Infrastructure Task Force (1995), *Intellectual Property and the National Information Infrastructure: The Report of the Working Group in Intellectual Property Rights*, 미국 NII 지적 소유권 작업반, 임원선 역 (1996), 『초고속통신망과 저작권』 서울: 한울 아카데미.

URL 1: 강만길, "지식과 역사발전-지식 대중화에서 정보 대중화 시대로, 머리말: 세계 연감 1998", 한국 브리태니커 온라인 URL: http://preview.britannica.co.kr/bol/topic.asp?article_id=k98s0243 (인용일자: 2008-10-28)

URL 2: "정보", 한국 브리태니커 온라인 URL: http://preview.britannica.co.kr/bol/topic.asp?article_id=b19j1134b (인용일자: 2012-04-01)

Warshofski, Fred (1994), *The Patent Wars*, New York: John Wiley & Sons, Inc., 특허청 특허분쟁연구회 역 (1996), 『특허전쟁』, 서울: 세종서적.

甲斐道太郎 외, 강금실 역 (1984), 『소유권 사상의 역사』, 서울: 돌베게.

이한구 (1999), "정보 사회와 역사 발전 단계에서 본 그 위상", 철학연구회 편, 『정보 사회의 철학적 진단』, 서울: 철학과 현실사.

전석진·정상조 (1995), 『컴퓨터와 법률』, 서울: 정보시대.

추병완 (1999), 『도덕교육의 이해』, 서울: 백의.

2장 공개된 웹 자료의 인용과 지적 재산권: 인터넷상의 지적 재산권 침해에 관한 도덕철학적 접근

I. 서론

인터넷 기술의 발달과 더불어 전 세계의 네트워크화가 이루어짐에 따라서 정보 사회에서의 지적 재산권 문제는 단순히 개인이나 집단의 이해관계에만 국한된 것이 아니라, 국가적 차원의 문제로 대두되고 있다. 정보 사회가 고도화될수록 정보의 가치가 커지고 지식에 대한 관리의 중요성이 증대하는 경향이 있으나, 지적 재산권 침해의 수단으로 이러한 정보 기술이 이용되는 경우가 있어 정보 사회의 문제점으로 지적되고 있다.

정보 기술을 통한 지적 재산권의 침해가 문제가 되고 있는 영역과 관련하여, 공개되어 있지 않은 웹 자료에 대한 접근과 그 사용이라는 영역은 주로 해킹과 관련된 부분으로 이해될 수 있다. 또한, 명백한 규정과 사회적 합의에 의거하여 법률적으로 보호를 받으며 배타적인 재산권의 대상으로 취급되고 있는 보호 대상 정보에 대한 정당하지 않은 이용은 현실 공간의 지적재산권 규정에 대한 위반으로 이해될 수 있다.

이상의 두 사례는 최소한의 도덕적 영역을 규정하고 소유권의 보장을 구체화 하는 전통적인 법률 체계에 의하여 다루어질 수 있는 것임에 비하여, 공개된 웹 자료의 인용이 어느 정도까지 허용될 수 있는가에 관해서는 현실공간의 법률규정에 의해서 다루어지기에는 다소 모호한 부분이 존재하고 있고 여전히 논의의 대상이 되고 있다.

정보의 유통이 편리해진 사이버 공간의 특징과 관련하여, 특히 이러한 자료의 인용 또는 정보의 재생산은 네티즌들 사이에서 블로그나 싸이월드 홈페이지 등의 개인 미디어 사이트에서 타인의 자료를 스크랩 해오는 것을 일컫는 "펌질" 이라는 말로 대표되고 있다. 연구자는 이러한 "펌질"이 어느 정도까지 용인될 수 있는가에 관한 관심으로부터, 나아가 공개된 웹 자료의 인용과 관련된 윤리적 문제에 관심을 가지게 되었다.

물론, 공개된 웹 자료의 인용은 어디까지 허용될 수 있는가에 관해서는 일정한 사회적 합의와 준거가 필요할 것이다. 그러나, 이 연구에서는 그러한 회색지대의 경계선을 확정하는 엄밀한 수준을 밝히기보다는, 건전한 상식을 가진 일반인들이 일정 수준에서 동의할 수 있는 수준에서 인터넷상에 공개된 웹 자료에 대한 지적재산권의 침해가 일어나는 경우 그러한 비도덕적 행위의 원인과 그 해결 방안을 도덕철학적 관점에서 탐구하고자 하는 것을 목적으로 삼고자 한다.

인터넷상에서 공개된 웹 자료의 인용과 관련된 지적 재산권 침해의 본질은 도덕철학적 측면에 있어서 비도덕적 행위의 문제와 관련을 맺는다고 할 수 있다. 이러한 비도덕적 행위에 대한 탐구는 언제나 도덕적 권위의 존재기반이나 특정한 도덕 판단 상황에서의 도덕적 정당화와 같은 논의들 속에서 전개되어 왔는데, 이는 지적 재산권 중 저작인격권과 관련된 내용이 사이버공간이라는 새로운 영역에서 어떻게 도덕적으로 정당화될 수 있는가에 관하여 탐구하고자 하는 것과 관련을 맺는다.

이를 탐구하기 위하여 먼저 지적 재산권에 관한 정당화를 도덕철학적 측면에서 접근하고, 그것이 현실 속에서 구체화되는 메커니즘으로 법률적 보호 규정에 관하여 살펴보고자 한다. 다음으로, 비도덕적 행위의 유형에 관하여 도덕철학적 측면에서 이해하고, 이것이 사이버공간에서의 지적 재산권 침해에 있어서 어떠한 형태로 나타나게 되는지에 관하여 분석하고자 한다. 마지막으로, 이러한 공개된 웹 자료의 지적 재산권 침해 유형과 그 해결 방안에 대하여 탐구하고자 한다.

Ⅱ. 지적 재산권에 관한 정당화

1. 지적 재산권에 관한 도덕철학적 정당화

지적 재산권이 가지는 철학적이고 도덕적인 정당화는 재산권에 관한 논의를 원용함으로서 접근할 수 있을 것이다. 재산권이란 사법(私

法)상, 공법(公法)상의 경제적 가치가 있는 일체의 권리를 뜻하는 것으로서 인격권·신분권·사원권 등의 비재산권과 대립되는 개념이다. 재산권 개념에 관한 논의는 스미스(Adam Smith)로부터 시작하여 로크(John Locke)와 헤겔(G.W.F. Hegel)의 전통을 따라 이어지고 있다.

스피넬로(Spinello)는 이러한 재산권에 관한 논의에 있어서 적절한 정당화의 토대로 로크와 헤겔의 철학에서 찾고 있다. 로크의 노동가치론은 지적 재산권의 형성 과정에 있어서 투입되는 노동에 초점을 맞추어 정당화에 접근하는 데 이용될 수 있으며, 헤겔의 인격적 정당화는 어떤 아이디어나 정신적 산물에 노동이 거의 또는 전혀 이루어지지 않았을 경우에 정당화에 접근하는 데 이용될 수 있다. 이러한 관점과 더불어 실용주의적이고 공리주의적인 관점이 추가될 수 있다.

먼저, 로크의 노동가치론은 물리적 재산에 대한 권리를 옹호하는 데 널리 이용되어 왔으며, 이러한 주장들은 지적 재산권에서도 원용될 수 있다. 재산에 관한 로크의 이론은 인간은 자신의 노동으로 얻은 산물에 대한 당연한 권리나 자격을 지닌다는 것을 그 핵심으로 하고 있다. 로크의 주장에 의하면, 공유상태인 자연으로부터 무엇인가를 분리해 내는 것이 노동으로서 그것은 그 자체로서 가치를 더하는(value added)활동이 되는 것이다. 즉, 자연이 제공한 것을 꺼내어 노동을 섞고 보태는 활동 자체가 이에 해당하는 것이다(Locke, 강정인·문지영 옮김, 1996: 33-54).

이때 재산에 대한 권리는 노동자의 고통과 땀에 젖은 노력에 대한 대가로 인정되는 것이다. 이러한 로크의 이론에는 여러 가지의 비판이 존재하지만, 이 속에 들어있는 핵심적인 진리로서 초점을 맞출 필요가 있는 내용은 사람들은 자신의 노동에 대한 정당한 보상을 받아야 하며, 오직 재산에 관한 권리만이 적절한 보상이라면 그러한 권리를 부여받아야만 한다는 것이다. 이를 통하여 육체노동에 따르는 고통과 어려움은 재산으로 보상받아야만 하기 때문에, 마찬가지로 정신적 노력과 창의적 작업에 따르는 어려움과 고통 또한 동일한 방식으로 보상받아야만 한다는 논의가 도출될 수 있다.

물론, 이때 로크는 자연에 대한 어떤 사람의 독점이 불가능함을, 그리고 그로 인하여 과도한 점유나 독점을 인정하지 않는 다음과 같은 논의를 전개한다:

> … 자연은 소유권의 한도를 인간의 노동의 정도와 삶의 편의에 따라 적절하게 규정한다. 어떤 사람의 노동도 모든 것을 정복하거나 수취할 수 없다. 또한 그가 향유하여 소비할 수 있는 것은 매우 작은 양에 불과하다 … (Locke, 강정인·문지영 옮김, 1996: 49).

이러한 로크의 주장은 노동을 통한 부가가치를 중시하는 것으로서 모든 노동은 일종의 불편함이므로 이러한 불편함을 극복하기 위한 동기를 부여하기 위해서는 그에 상응하는 보상이 필요하다는 것을 염두에 둔 것이다. 이로 인하여 지적 생산물 또한 지적인 노동이 투입된 것이므로 그러한 노동에 대한 보상은 정당한 것임을 주장하는 동시에, 과도한 점유나 독점에 대한 금지 및 일정한 정도의 정당한 이용을 인정하도록 하는 단초를 제공하고 있다.

이러한 로크의 주장은 결과주의적인 측면에서도 해석될 수 있는데, 이 관점에서 로크의 주장에 접근한다면 노동 또는 이루어진 노력이 불편하지 않다 하더라도 개인들은 자신들이 사회와 다른 사람의 삶에 대하여 부가한 가치에 대해서 보상받아야 한다는 설명으로 이해될 수도 있다. 따라서 노력이 이루어지고 또한 가치가 창출되었기 때문에 어떤 사람이 독창적인 작업을 창조해내고 이를 어떤 구체적인 매체를 통해 표현했다면, 다른 사람들에게 해를 끼치지 않는 한 그 사람은 그 작업에 대한 재산권을 가질 수 있는 것이다(Spinello, 이태건·노병철 역, 2001: 172-174).

이러한 로크의 설명은 지적인 생산물의 산출에 있어서 노동이 투여되지 않는 상황이나 노동 자체가 고통이 아닌 즐거움을 주는 상황일 경우를 상정할 때, 이러한 상황을 보완하기 위한 이론을 필요로 하게 되었다. 이에 대한 설명으로 헤겔의 인격적 정당화론이 등장하게 되었다.

우선 헤겔은 인격적 정당화의 도덕적 보편화와 관련하여 다음과 같은 논의를 전개한다:

> … 추상적 권리(추상법)에서는 생계 문제나 분배 문제에서 타인의 빈곤을 고려할 여지가 거의 없다. 이에 반해 도덕성에서는 자신의 의지가 '도덕적 의도'로 간주되려면 자신의 복지 내지 행복의 실현과 더불어 타인의 복지 내지 행복 실현에 대한 고려가 개입되어야 한다는 점이 강조된다. 그러나 복지 내지 행복은 자유로운 의지 보다는 자연적 의지의 발현이기 때문에 자연성을 지양하고 자유의 이념에서 기인하는 대안, 즉 주관의 내적 목적

이 갖는 특수성을 지양하고 보편성을 정립하는 것이 필요하다 … (이정은, 2002: 151-182)

헤겔은 개인들이 자신의 존재를 세상에 알리려 할 때, 재산은 자유의 실현을 위하여 필요하다고 주장하였다. 만일 재산이 한 개인으로 하여금 자신의 의지를 어떤 것에 반영할 수 있게 해 주는 것이라면 그러한 재산은 인격에 대한 하나의 표현이 되는 것이다. 헤겔에 따르면, 노동은 오직 자기 자신 속에서, 그리고 자기 자신과 더불어 벌려 나가는 영원한 창조행위(das ewige Erschaffen in und mit sich selbst)라고 할 수 있다(임석진, 1990: 59-60).

이러한 논의에 의거하면, 인간은 다양한 대상 속에서 자유롭게 자신의 의지를 객관화함으로써 자기 자신의 재산을 만들어내고 있다. 왜냐하면 이는 자신들이 누구인가를 표현한 것이기 때문이다. 그것은 그들의 존재를 표현한 것이며, 따라서 그들의 것이다.

이러한 주장들은 저자의 인격을 확실하게 표현하고 있는 지적 대상물에 적용될 때 더 많은 설득력을 갖는다. 예를 들자면, 저자는 자신의 개인적 표현이 잘못 평가되거나 오용되지 않도록 이를 통제할 권리를 지닐 수 있다. 어떤 사람이 자신의 느낌을 표현한 시나 수필을 쓰게 되면, 그 글은 자신의 일부가 되는 것이며 그 글이 타인에 의하여 공유되는 방식에 대한 상세한 것들을 통제할 권리를 지니게 되는 것이다. 따라서 지적 재산의 창출에 노동력이 거의 혹은 전혀 들어가지 않았다 하더라도, 재산에 관한 헤겔의 개념은 최종 산물이 그 창조자에 속해야 한다는 논리적 근거가 될 수 있다(Spinello, 이태건·노병철 역, 2001: 175-176).

공리주의적 관점에서 지적 재산권과 관련된 권리들을 옹호하게 되면, 이것은 재산권을 보호하게 됨으로서 얻을 수 있는 사회적 이익에 대하여 설명함으로써 가능하게 된다. 한정된 재산권은 노동의 개입 여부와 상관없이 누군가의 과거의 창작활동을 보상하는, 그리고 미래의 창작 혹은 생산에 대한 동기를 부여하는 하나의 중요한 방법이 되는 것이다. 재산권으로 인하여 자유로운 아이디어와 지식의 흐름이 방해를 받는 측면이 존재하기는 하지만, 적절한 동기가 부여되지 않는다면 훌륭한 아이디어와 가치 있는 정보가 많이 나타나지 않을 것이라는 것이다. 즉, 사회적 측면에서 공익의 확대를 위하여 창작자가 자신의 노력에 대한 최소한의 보상을 기대할 수 있도록 하는 것이 공리주의적 논의의 핵심이 되는 것이다.

이러한 공리주의적 관점은 헌법 및 저작권 제도의 직접적인 기초가 되는 것이다. 헌법은 저작권 제도로 하여금 인간의 지적 창작물의 표현에 대하여 상업적으로 이용할 수 있는 권리를 설정함으로써 창조적 활동을 자극하여 아이디어를 창출해 내고 그 표현물을 전파하여 공공복리에 기여하게 하는 것을 그 이념으로 하고 있다. 이것은 저작권이 저작권자에게 그들의 독창적인 표현에 대한 권리를 보장하는 대신 다른 사람들이 저작물에 담긴 아이디어와 정보를 자유로이 이용할 수 있도록 장려하는 것을 그 이념으로 하고 있다. 따라서 이러한 지적 재산권의 보호를 위한 도덕적 정당화가 현실 생활 속에서 구체화되는 모습으로 지적 재산권의 법률적 보호의 측면을 함께 살펴볼 필요가 있다.

2. 지적 재산권에 관한 법률적 보호

지적 재산권에 관한 문제를 담당하는 국제연합(UN)의 전문 기구인 세계지적재산권기구(WIPO)는 지적 재산권에 관하여 구체적으로 "문학·예술 및 과학작품, 연출, 예술가의 공연·음반 및 방송, 발명, 과학적 발견, 공업의장·등록상표·상호 등에 대한 보호권리와 공업·화학·문학 또는 예술 분야의 지적 활동에서 발생하는 기타 모든 권리를 포함한다"고 정의하고 있다. 이것은 인간의 지적 창작물을 보호하는 무체의 재산권으로서 공업소유권과 저작권으로 크게 분류된다. 공업소유권은 특허청의 심사를 거쳐 등록을 하여야만 보호되고, 저작권은 출판과 동시에 보호되며 그 보호기간은 공업소유권이 10~20년 정도이고, 저작권은 저작자의 사후 약 30~50년 정도까지이다.

사이버공간에서의 지적 재산의 대상물들은 대개 등록상표권, 특허권, 저작권의 세 가지 방식 중 하나로 보호를 받는다. 먼저 등록상표권은 특정한 상품이나 서비스를 확실하게 확인시켜 주는 단어, 문구, 상징을 의미하는 것이다. 사이버 공간에서는 특정 상표가 그 상품이나 서비스의 판매와 관련하여 다른 누군가에 의해서 이용됨으로서 상표권이 침해될 수 있다. 또한, 특정 상표가 전혀 다른 상품이나 좋지 않은 품질과 평판을 가진 상품과 연계되는 경우에 있어서도 상표권이 훼손 또는 변색될 수 있다.

다음으로 특허권의 경우에는 독창적이고 유익하며 전혀 새로운 발명과 관련된 것이다. 이는 특히 영미 자본주의 체계의 기본 전제와 관련된 것으로 기업과 개인들에게 자신의 발명이나 기술 혁신에 대해

독점권을 철저하게 보장해 주는 형태로 강력한 동기를 부여함으로써 장기적으로 사회에 도움이 될 수 있는 수많은 혁신적 발명들을 가능하게 해 주는 도구로 사용되고 있다.

마지막으로 저작권의 경우는 특허권보다 취득하기가 쉬우며 더욱 오래 지속된다. 우리나라의 경우 이는 저작자의 일생과 사후 50년간 지속된다. 저작물의 보호를 목적으로 하는 저작권은 더욱 구체적으로 저작인격권과 저작재산권으로 구분된다.

저작인격권은 저작권의 주체와 분리할 수 없는 인격적 이익의 향수를 내용으로 하는 권리로서 저작재산권과 구별된다. 이는 공표권, 성명표시권, 동일성유지권 등으로 구성된다. 공표권은 그 저작물을 공표하거나 공표하지 아니할 것을 결정할 권리이다. 성명표시권은 저작물의 원작품이나 그 복제물 또는 저작물의 공표에 있어서 그의 실명(實名) 또는 이명(異名)을 표시할 권리이다. 동일성유지권은 저작물의 내용·형식 및 제호의 동일성을 유지할 권리이다. 이러한 저작인격권은 그 권리의 성질상 당연히 저작자 일신에 전속하므로 양도나 상속의 대상이 될 수 없다. 또한, 저작자가 사망한 후에라도 그의 저작물을 이용하는 자는 그 저작인격권의 침해가 될 행위를 해서는 안 된다. 공동저작물의 저작인격권은 저작자 전원의 합의에 의해서만 행사할 수 있다.

저작재산권은 경제적 가치가 있는 이익의 향수를 내용으로 하는 권리이다. 이는 복제권, 공연권, 방송권, 전시권, 배포권, 2차적 저작물 등의 작성권 등으로 구성된다. 그러나 다음과 같은 경우에는 저작재산권의 행사가 제한된다. 재판절차 등에서의 복제, 학교교육목적

등에의 이용, 시사보도를 위한 이용, 공표된 저작물의 인용, 영리를 목적으로 하지 않는 공연·방송, 사적 이용을 위한 복제, 도서관 등에서의 복제, 시험문제로서의 복제, 점자에 의한 복제, 방송사업자의 일시적 녹음·녹화, 미술저작물 등의 전시 또는 복제, 번역 등에 의한 이용 등의 경우에는 각각의 경우의 합당한 요건에 따라 저작자의 허락 없이 이용하는 것이 인정된다. 저작재산권은 원칙적으로 저작자가 생존하는 동안과 사망 후 50년간 존속한다. 공동저작물의 저작재산권은 최후에 사망한 저작자의 사망 후 50년간 존속한다. 무명 또는 널리 알려지지 아니한 이명(異名)이 표시된 저작물의 경우에는 공표된 때부터 50년간 존속한다. 단체명의저작물(團體名義著作物)의 경우에도 공표한 때부터 50년간 존속한다. 참고로, 이러한 규정은 향후 한미 FTA로 인하여 70년으로 연장이 추진될 예정이다.

저작재산권은 전부 또는 일부를 양도할 수 있다. 저작재산권자는 다른 사람에게 그 저작물의 이용을 허락할 수 있다. 저작재산권은 질권의 목적이 될 수 있다. 그러나 공동저작물의 경우에는 그 저작재산권자 전원의 합의 없이는 저작재산권의 행사를 할 수 없으며, 그 지분(持分)을 양도하거나 질권의 목적으로 할 수 없다. 또한 공동저작물의 저작재산권자는 자신의 지분을 포기할 수 있다. 누구든지 상당한 노력을 기울였어도 공표된 저작물의 저작재산권자나 그의 거소(居所)를 알 수 없어 그 저작물의 이용 허락을 받을 수 없는 경우에는 문화체육부장관의 승인을 얻고 상당한 보상금을 공탁하고 이를 이용할 수 있다. 또한, 저작물의 방송이 공익상 필요하나 저작재산권자와의 협의가 불가능할 경우나, 공표 후 1년이 경과된 외국어 저작물로서 국어 번역물이 공표되어 있지 않아 그 번역을 위해 저작재산권자와 협의하려 하나 그것이 불가능할 경우에도 앞의 절차를 거쳐 이를 이용할 수 있다. 이를 저작물이용의 법정허락 또는 강제허락이라고 한다(URL 1).

Ⅲ. 지적 재산권 침해의 비도덕성에 대한 분석

1. 비도덕적 행위에 대한 관점의 분류

비도덕적 행위에 대한 탐구에 있어서 공통적으로 존재하는 흐름은 사람들이 도덕적으로 행동해야 하는 이유에 관해서 밝히고자 시도하였다는 것이다. 이러한 흐름은 정보통신의 혁명과 더불어 새롭게 등장한 사이버공간에 있어서도 마찬가지로 적용될 수 있다. 따라서 인터넷상에서 공개된 웹 자료의 인용과 관련된 지적 재산권 침해의 본질은 도덕철학적 측면에 있어서 비도덕적 행위의 문제와 관련을 맺는다고 할 수 있다.

이러한 비도덕적 행위의 본질을 이해하기 위한 접근에는 무지론적 관점, 무관심적 관점, 무절제적 관점, 그리고 이것에 대한 도전적 관점 등이 존재한다(김현수·송재범, 2001: 137-150). 먼저, 무지론적 관점은 사람들이 도덕적으로 무엇이 옳고 그른지를 모르기 때문에 비도덕적 행위를 저지른다는 관점이다. 이때의 무지는 욕구하고 있는 목적이나 대상 자체의 성격을 모르는 경우와, 선한 대상이나 목적을 알고 있음에도 불구하고 그것을 달성하기 위한 수단적 덕목을 제대로 알지 못하는 것으로 분류될 수 있다.

이어서, 무관심적 입장은 행위자가 도덕적인 행위에 대하여 어떠한 관심도 기울이지 않는 형태로 나타난다. 이러한 관점에서 행위자는 어떤 행위가 특정한 목적을 위한 덕 있는 행위라는 것을 알고 있지만, 그 스스로는 그러한 목적을 가지고 있지 않기 때문에 덕 있는 행위에 대하여 아무런 관심을 기울이지 않는다. 이러한 관점에서의 행위자는 자신의 목표를 정확하게 알고 있으므로, 더욱 적극적으로는 어떤 특정한 목적을 달성하기 위하여 의도적으로 이해관계를 따지며 행위하여 비도덕적 행위를 저지르게 된다.

다음으로, 비도덕적 행위에 대한 무절제적 관점은 사람들이 자신의 행위가 잘못이라는 것을 알고 있고 그러한 행위를 하지 않으려고 노력함에도 불구하고 자신의 통제를 넘어서는 어떤 요인으로 인하여 비도덕적 행위를 저지르는 것이다. 이는 인간의 본성에 관한 많은 논의들로 꾸준히 진행되어 왔는데, 그 논의의 공통점은 다음과 같다: 먼저, 인간 내부에는 동기가 발생하는 어떤 부분들이 있다. 이어서, 선한 행위와 악한 행위는 서로 다른 부분에서 동기화되고 발생하는데, 개인에게 있는 이러한 부분들이 투쟁하여 개인의 행위를 결정한다. 그리고, 개인에게 있는 부분들 간의 투쟁은 힘이 강한 것이 항상 승리하게 되고, 여기서 승리는 한 사람의 행위를 결정하게 된다. 이때, 인간에게 있어서 진정으로 인간이게 만드는 부분은 선한 부분이다. 따라서 비도덕적 행위는 인간 스스로 선택한 것이 아니다.

마지막으로, 비도덕적 행위에 대한 도전적 관점은 비도덕적 행위자가 모두 불합리한 것이 아니라는 주장을 하는 관점이다. 무지론적 관점, 무관심적 관점, 무절제적 관점은 모두 비도덕적 행위자는 비합리적이고 정상이 아니며 정상인은 비도덕적 행위를 저지를 수 없다는 입장을 취하는 반면, 도전적 관점은 정상적이고 합리적인 사람도 얼마든지 비도덕적 행위를 저지를 수 있다는 입장이다. 이는 무관심적 관점과 대비되는 것으로, 무관심적 관점은 도덕적 명령에 어떠한 도덕적 권위도 부여하지 않는 것임에 비하여 도전적 관점은 도덕적 명령에 권위를 부여함에도 불구하고 도덕적 명령에 대한 복종을 거부하며 도전하는 것이다.

비도덕적 행위에 대한 도전적 관점은 행위자의 이기심을 근본적인 문제로 이해하고 있다. 이는 도덕적 권위에 대한 행위자의 저항이 강해질수록 비도덕적 행위가 더 심각하게 나타나며, 그것은 일반인들이 존중하는 도덕적 권위를 거부하고자하는 것이므로 그에 대한 일반인들의 부정적인 태도도 더 깊어진다고 설명하고 있다. 이는 또한 행위자가 자신의 행위에 대하여 느끼는 죄책감이나 부끄러움 등과 같은 느낌들을 잘 설명하게 된다. 그러나 또한 일반적으로 우리의 일반적인 비도덕적 행위는 미약하고 소극적인데 비하여 도전적 관점은 적극적이고 직접적으로 비도덕적 행위를 가정하고 있다는 점, 비도덕적 행위의 도전성에 어떤 무지론적 요소가 인정될 수 있음을 과소평가한다는 점, 도덕적 권위를 인식시키는 동시에 그에 대한 저항이 가능한 것인가 등에 관한 문제가 존재하고 있다.

비도덕적 행위에 대한 이러한 관점의 분류는 인터넷 공간에서 일어나는 비도덕적 행위들에 대한 개념 규정을 시도하는 데 있어서 도움이 될 수 있다. 특히, 인터넷 공간에서 일어나는 비도덕적 행위 중 지적 재산권의 침해와 관련된 행위들은 도전적 관점에서 해석될 수 있다는 특징을 지니고 있다고 평가할 수 있다. 일반적으로 사이버공간에서 공개된 웹 자료의 인용과 관련한 문제는 저작권 관련 자료의 정당한 이용 규정의 위반의 형태로 나타나는데, 이것은 곧 합리적인 행위자 스스로가 다양한 이유에 의하여 도덕적 명령에 복종하기를 거부하는 형태로 나타나기 때문이다.

구체적으로 예를 들어, 웹 자료의 인용과 재인용 과정에서 원본 정보의 변형이 일어나는 경우가 존재한다. 이는 자신에게 유리한 방향으로 사용하기 위하여 정보를 왜곡하는 형태로 나타나거나, 정당한 형태로 정보의 출처를 밝히지 않아서 문제가 발생하게 되는 경우이다. 이때 어쩔 수 없는 원인에 의해서 빠져들게 되는 인터넷 중독의 경우와는 다르게, 일반적으로 행위자들은 스스로의 선택에 의해서 비도덕적인 행위를 저지르게 되는 것이다. 통상적으로 이러한 일을 저지르는 사람들은 그 자신의 이기적인 목적을 위하여 도덕명령이 요구하는 것을 거부하거나, 그 자신을 도덕적 권위보다 높은 곳에 놓으려 한다는 특성을 지니고 있다. 이러한 목적은 도덕이 요구하는 것이 아니라 행위자가 요구하는 것이다.

이러한 행위자의 욕구에 따른 행위는 종종 다른 사람들의 피해를 가져오기도 한다. 공공을 위하여 공개되어 있는 웹 정보를 아주 조금 가공하여 정보 판매 업체에 판매하는 사례의 경우 원래의 정보를 생산한 사람에게 경제적 피해를 입히는 것이 되며, 디지털 이미지의 합성이나 적합하지 않은 정보의 결합으로 인하여 잘못된 정보를 생산하여 유통시키는 행위 등이 이에 해당한다. 구체적으로 예를 들면, 강사의 강의 자료를 리포트 대행업체에 판매한 학생의 사례, 디지털 이미지의 합성 등으로 인한 패러디물로 타인의 명예를 훼손한 사례, 언론 보도물의 조작으로 인한 오보 확산 사례 등이 있다.

2. 지적 재산권 침해와 관련된 비도덕적 행위의 유형

비도덕적 행위에 대한 행위자의 인식 여부와 관련하여 아리스토텔레스는 행위자가 자신의 행위가 나쁘다는 것을 알지 못하고 잘못을 저지르는 무의식적인 비도덕적 행위와, 자신의 행위가 나쁘다는 것을 행위자 자신이 알면서도 잘못을 저지르는 의식적인 비도덕적 행위를 사악함과 나약함의 두 가지 형태로 구분하였다.

이에 대하여 마일로는 비도덕적 행위에 대한 행위자의 인식 여부와 행위자의 도덕적 결함을 결합시키며 여섯 가지의 비도덕적 행위 유형을 구분하고 있다. 이때 행위자의 인식 여부는 행위자가 비도덕적 행위를 범할 때 행위자 스스로 자신의 잘못을 알고 있는가, 모르고 있는가에 관련된 것이다. 그리고 행위자가 갖고 있는 중요한 세 가지 도덕적 결함이란 나쁜 선호, 자기 통제의 결여, 도덕적 관심의 결여 등에 해당하는 것이다. 이에 대하여 구체적으로 알아보면 다음과 같다(김현수·송재범, 2001: 152-155).

먼저, 도덕적 무관심의 경우에는 자신의 행위가 도덕적으로 나쁜

다는 것을 진심으로는 알면서도 자신의 행위가 나쁘다는 사실에 대한 무관심 때문에 비도덕적 행위를 저지르는 경우를 일컫는 것이다. 도덕적으로 무관심한 행위자는 자신이 행한 것에 대하여 양심의 가책을 느끼지는 않는다. 다음으로, 무도덕성이란, 자신의 행위가 옳다고 믿어서가 아니라, 행위자가 어떠한 도덕 원리도 갖고 있지 않아서 비도덕적인 행위를 저지르는 경우를 일컫는 것이다. 이 경우 행위자는 도덕적 관심도 없고 자신의 잘못 또한 알지 못한다. 이어서, 도덕적 나약함이란 잘못을 알고 있지만 자기 통제가 결여되어 비도덕적 행위를 저지르는 것이다. 이는 탐닉적으로 잘못에 빠져드는 것과 관련되어 있다. 이어서, 도덕적 태만은 행위자가 자신의 특정한 행위가 자신이 나쁘다고 여기는 행위의 종류에 속하는지를 모르는 경우를 일컫는 것이다. 이는 자신의 잘못을 알지 못하는 것뿐만 아니라 자기 통제 또한 결여되어 잘못을 저지르는 것을 의미한다. 다음으로, 도착적 사악함이란 행위자가 나쁜 도덕원리를 가지고 있기 때문에 행위자의 행위가 비도덕적인 행위가 될 수 있는 경우, 즉 행위자가 자신의 행위가 잘못이라는 것을 믿지 못하고 오히려 옳다고 여기는 경우를 일컫는다. 마지막으로, 선호적 사악함이란 행위자가 자신의 행위가 도덕적으로 잘못임을 알면서도 비도덕적 행위를 피하기보다는 다른 목적을 선호하기 때문에 비도덕적 행위를 저지르는 경우를 의미하는 것이다.

이러한 방식으로 비도덕적 행위의 유형을 구분하면서 마일로는 이러한 행위들에 대한 비난의 강도를 비교한다. 비슷한 상황에서 같은 종류의 행위들이 일어났을 경우, 다른 조건들이 같다면 무도덕적 행위와 도덕적으로 무관심한 행위는 사악한 행위보다 더 비난 받는다.

그리고 사악한 행위는 도덕적으로 태만한 행위와 도덕적으로 나약한 행위보다 더 비난 받는다. 그리고 예외가 있기는 하지만 도덕적 태만과 도덕적 나약함은 같은 정도의 비난을 받을 만한 것으로 보인다고 마일로는 평가한다. 또한, 도덕적으로 무관심한 행위는 무도덕적 행위보다 더 나쁜 것으로 여겨지고 있고, 도덕적으로 나약한 행위는 도덕적으로 태만한 행위보다 더 나쁜 것으로 여겨진다. 그 이유는 도덕적으로 무관심하거나 도덕적으로 나약한 행위는 무도덕적 행위나 도덕적으로 태만한 행위보다 더 의식적이고 의도적이기 때문이다. 이러한 기준에서 본다면, 그는 객관적인 나쁜 행위보다는 주관적인 나쁜 행위를 더 강조한다고 할 수 있다.

인터넷상에서 공개된 웹 자료의 인용과 관련된 지적 재산권의 침해는 주로 도덕적 타성과 도덕적 태만이 원인이 되어 무도덕성의 형태로, 즉 잘못을 알지 못하는 것뿐만 아니라 도덕적 관심도 없는 형태로 나타나는 것이 대부분이다. 웹 상에서 자료를 "긁어다가" "붙이는" 형태로 글을 쓴다던지, 타인이 올려 놓은 자료를 마치 자신의 것인양 아무렇지도 않게 사용한다던지 하는 것이 대표적으로 제기되는 문제이다. 이때 문제가 되는 것은 인터넷에 올라가 있는 자료는 공개되어 있는 자료이므로 마음대로 사용해도 된다고 생각하는 다수 네티즌들의 자세이다.

상당수의 네티즌들이 공개된 웹 자료의 인용과 관련하여 무도덕적 특성을 가지고 있다는 것은 그가 나쁜 행위를 하고 있다는 것을 모르거나 적어도 무관심하다는 것을 의미하는 것이다. 이때 행위자의 행위가 나쁜 것은 자신의 행위가 도덕적으로 옳은지 그른지에 관한 관심이 부족하기 때문이다. 따라서 무도덕한 행위자에게 문제가 되는 것은 그가 나쁜 도덕 원리를 가졌다거나 자신이 갖고 있는 좋은 원리에 따라 행동하지 못한다는 것이 아니다. 문제가 되는 것은 그러한 행위자들이 어떠한 도덕 원리도 갖고 있지 않다는 것이다. 그렇다면, 이러한 무도덕적 특성을 가진 사람들에 대한 비난 가능성과 관련지어 보면, 그것은 행위자가 비도덕적 행위의 의미를 이해하는가의 여부와 상관없이 잘못을 저지른 것은 비도덕적 행위이다. 인간은 도덕적 책임에 요구되는 능력을 가지고 있기 때문에 그러한 행위는 도덕과 무관한 것이라고 볼 수 없다(Milo, 1983: 481-498).

Ⅳ. 공개된 웹 자료의 이용과 관련된 문제의 해결 방안

1. 저작권 관련 규정의 이해와 확장: 정보공유 라이선스

현재 인터넷 상에서 저작권의 보호를 받는 자료의 유형은 음악, 영상, 게임, 출판 등으로 분류된다. 이러한 유형의 자료는 P2P, 웹하드, 포털, 음악방송, 스트리밍, 온라인 영화관, 기타 등의 경로를 통하여 유통된다. 그런데, 이 중 인터넷상에서 공개된 웹 자료의 인용과 관련해서 저작권법에서는 창작과 동시에 저작권, 복제권, 전송권 등의 권리를 자동적으로 부여한다. 따라서 이용자는 저작자가 해당 권리를 행사할 의사가 없다고 하더라도 이를 알 수 없으므로 저작권 침해에 대한 부담 때문에 저작물을 이용하려 하지 않게 된다.

한편, 저작자의 의사는 다양할 수 있다. 저작권을 전부 행사하려는 사람이 있는 반면, 자신의 글 또는 작품에 대해 저작권을 행사하지 않고 더 많은 사람들에게 읽히거나 이용되기를 바라는 저술활동가, 예술가들이 있을 것이다. 자신의 이름만 밝혀준다면 저작물의 복제, 배포에 대해 저작권을 행사할 의사가 없을 수도 있고, 상업적 이용만 아니라면 자신의 저작물을 토대로 2차 저작을 허용하려는 의사가 있을 수도 있다. 같은 저작자라도 자신의 어떤 저작물에 대해서는 저작권을 행사하지만 다른 저작물에 대하여는 저작권을 행사하려는 의사가 없을 수도 있다. 하지만, 이러한 의사를 가진 저작자는 그 의사를 표현할 적당한 방법을 찾기가 쉽지 않다.

저작물을 무료로 나누려는 저작자들이 있고, 자유롭게 활용하려는 이용자가 있더라도 이들을 연결시킬 제도로서, 바로 그러한 저작자와 이용자를 연결하는 편리한 도구로서 정보공유 라이선스가 2005년 9월 등장하였다. 이러한 저작물 이용 활성화에 큰 도움이 되고 결과적으로 제2의 창작으로 연결될 수 있을 것으로 전망된다. 이 제도가 정착되면 저작자와 이용자 사이의 분쟁 예방 효과는 물론 저작자와 이용자 사이에 불필요한 계약비용 내지 거래비용의 감소효과를 가져올 것이고 이는 저작물의 이용과 유통을 촉진할 것으로 기대된다.

정보공유 라이선스의 구체적 내용은 이용자가 비영리 목적으로 저작물(그 복제물을 포함)을 복제·공연·방송·전송·전시·배포하고 편집 저작물 작성이나 데이터베이스 제작에 이용할 수 있으며 실연·음반제작·방송물제작에 이용할 수 있도록 하는 것이다. 이에 따르는 이용자의 의무는 저작물에 저작자의 성명을 표시하는 등 저작인격권을 존중해야 하고, 정보공유 라이선스를 표시해야 하며, 기술적 보호조치를 할 수 없고, 2차적 저작물을 작성하려면 저작권자의 허락을 받아야 하는 것을 그 골자로 하고 있다.

이러한 정보공유 라이선스는 저작재산권과 저작인격권을 분리하여 저작재산권에 대해서는 자유로운 사용을 가능하게 하되 저작인격권에 대해서는 지속적인 보호를 추구함으로서 인터넷상의 저작물 이용에 관한 제도적인 정비를 마련하였다고 할 수 있다. 특히 추상적인 선언이 아니라 저작물의 이용 범위와 방식에 대한 구체적인 내용을 포함하고 있다는 점에서 막연한 정보공유의 선언과 구별되는 특징을 가지는 것이라 할 수 있다.

2. 정보 출처의 올바른 표기: 웹 자료의 인용법 표기

온라인 자료와 전자 데이터베이스 등 전자자료를 논문에 인용하고 이를 참고문헌 목록에서 나타낼 때에도 인쇄물에서와 똑같은 방법으로 자료의 구성요소, 즉 저자명, 서명, 제목, 페이지 등을 표기해야 한다. 다만 온라인 자료는 웹문서, 온라인 서비스기관에서 제공하는 데이터베이스 등이 많으므로 발행지나 발행사 대신 프로토콜, 인터넷 주소(URL), 온라인 서비스 공급자명, 이메일 주소, 접근 날짜 등을 표기해야 한다. 미국심리학회(APA)의 웹페이지에 나타나 있는 안내를 바탕으로 웹 자료의 인용법을 소개하면 다음과 같다.

웹문서의 편집자(Ed: Editor) 또는 서버관리자(Maint: Maintainer)를 저자로 인정하고 저자 확인방법으로 이메일이나 별명을 사용할 수 있다. 온라인 논문에서는 저자명으로 링크되어 있어야 하며, 저자명이 없는 웹사일에서는 e-mail을 저자명의 위치에 기입한다. 참고문헌에서도 저자명을 완전한 철자로 써주어야 하며, 대문자로 바꾸어 쓰지 않는다. 발행일 표기에 있어서도 월간잡지는 (연도, 월) 로 쓰며 권·호가 있는 학술잡지는 연도만을 (　　) 안에 쓴다. 발행일 표시가 없는 온라인 자료는 (n.d/연도)로 기입한다(n.d.=no date). 검색한 날짜를 웹사이트 주소 앞에 쓰며, 인터넷 자료의 형태 또한 [　　] 안에 기입하도록 한다.

데이터베이스, 온라인 저널, 웹사이트 혹은 웹페이지, 뉴스그룹, 웹 또는 e-mail 기반 토론그룹, 뉴스레터 등을 포함하는 전자자료를 인용할 때에는 온라인 연속간행물과 일회 발행성 온라인 자료를 구분하여 표기한다. 먼저 온라인 연속간행물의 경우에는 저자순, 연도, 논문제목, 연속간행물 제목(이탤릭체), 번호 및 권수, 인용 월 일 년, 인용 URL 주소의 순으로 표기한다. 일회 발행성 온라인 자료의 경우에는 저자, 연도, 글 제목(이탤릭체), 인용 월 일 년, 인용 URL 주소의 순으로 표기하며, [　　] 표시 속에 기입한다.

인터넷 자료의 인용과 관련하여, 자료에서 특정 부분을 인용하고자 할 때에는 쪽, 장, 그림, 표 및 그에 해당하는 적정한 부분을 표시한다. 쪽과 장 표시는 원문에서 표시된 대로 사용하면 된다. 페이지 번호가 없을 때에는 앞에 문단 기호나 문단을 표시하는 약어인 “para” 라는 용어를 사용하여 문단 번호를 표시한다. 문단이나 쪽 번호를 알아볼 수 없다면, 제목부분과 문단을 표시하여 독자가 알아볼 수 있게 표시한다.*

3. 지적 재산권 존중을 추구하는 정보윤리 교육

이상의 두 접근, 즉 정보공유 라이선스와 웹 자료의 인용법 표기는 제도적 접근이라고 할 수 있다. 그러나, 지적 재산권법을 인터넷이 지닌 힘과 능력에 적용시키는 것이 얼마나 어려운 것인가에 관해서는 이러한 제도적 접근만으로는 부족한 부분이 존재한다는 여러 가지 사실이 근거로 작용하고 있다.

법률은 지식을 공유하려는 공적 이해 관계와 컨텐츠 제공자들의 사적 이해관계 사이에서 균형을 모색하여 왔다. 그러나 전자적인 정보의 생산, 유통, 그리고 소비의 메커니즘 속에서 사이버 공간에서의 정보의 불법복사로 인하여 지적 재산권이 점점 더 중요하지 않은 것으로 간주되는 상황이 전개되어가고 있다. 이러한 권리 관계는 내용물 제공자들에게 자신의 자료에 대한 보다 강력한 통제권을 부여하도록 하는 규제수단을 모색하게 하고 있다.

이러한 경우 컨텐츠 제공자들은 사이버 공간에서 자신의 정보를 암호화된 형태로 배분하게 될 것이고 승인장치를 지닌 이용자들만이 접속할 수 있도록 구조화될 것이다. 그러나 이때 승인체계가 올바르

---

* 이상의 사례를 적용하여 표기하면 다음과 같다:
APA, *Electronic Media and URLs* APA Online.
[http://www.apastyle.org/elecref.html] Retrieved 9/30, 2005

지 않다면, 이 체계가 저작권법의 정당한 이용조항을 유명무실하게 할 수 있으며 또한 창의적인 작품에 대한 일반인들의 접근을 어렵게 만들 수도 있다. 또한 이러한 승인장치는 접속자에 대한 확인 메커니즘과 더불어 사생활 침해의 가능성을 불러 일으킬 수도 있다 (Spinello, 이태건·노병철 역, 2001: 180-181).

이것은 지적 재산권과 관련된 법률에 있어서 직접적으로 적용될 수 있는 내용들이다. 따라서 법률이나 사회 제도적 접근으로 해결되지 않는 부분에 대한 해결 방안의 모색으로 뿐만 아니라, 공개된 웹 자료의 인용에 관해서 무도덕적 특성으로 인한 비도덕적 행위의 양상을 보이는 네티즌들의 도덕성 향상을 위해서 또한 정보윤리교육이 필요하다고 할 수 있다. 무도덕한 행위자는 하나의 행위가 도덕적으로 나쁘다는 것이 무엇인지를 모르는 사람으로서 도덕적 의미에서 옳고 그름을 구분하지 못하고 있다는 것을 의미하는 것이다. 이 경우, 사이버 공간이라는 새로운 인지 공간 속에서 문제가 되는 사안들이 지니는 도덕적 논의의 본질에 대하여 교육하는 것이 반드시 필요하다.

이러한 정보윤리교육의 내용은 다양한 형태로 제시될 수 있으나, 기본적으로는 지적 재산권의 존중과 관련한 구체적인 가이드라인과 그 적용사례를 덕교육적 측면에서 제시해 주고, 그러한 내용을 바탕으로 타인존중과 해악 금지 등을 비롯한 지적 재산권 존중의 근본이 되는 원리교육을 실시하는 쪽으로 제시되어야 할 것이다. 특히 대학 수준에 있어서 정보통신윤리교육은 일상과 관련된 삶의 규범과 관련지어 옳고 그릇된 것을 더욱 적극적이며 직접적으로 제시하는 방향으로 이루어져야 한다는 필요성이 통계적으로 제기되고 있다(Day &

Day, 1996: 45-52).

V. 결론

정보시대의 윤리교육은 정보사회의 원리들에 대한 이성적인 수행과 어떻게 이러한 원리들이 가장 국지적인 사회집단들로부터 전 세계의 시민들에 이르기까지 삶의 전면에 적용되는가에 관하여 이해하는 것이다. 정보화의 비약적인 발전으로 인하여 정보시대라는 말로 특징지워지는 현대 한국사회에서 지적 재산권을 보호하고자 하는 노력은 이미 기존의 지적 재산권 보호법의 범주에서 이루어지고 있으며, 이를 보완하기 위한 제도적 차원에서 정보공유 라이선스와 웹 자료의 인용법 표기가 이루어지고 있다.

그런데, 이러한 노력의 근본에는 스스로 정보의 가치를 판단하고 수용 가능한 형태로 이것을 이용하고자 하는 이용자들의 도덕적 독해능력 교육이라고 할 수 있겠다. 특히 친고죄의 형태로 다루어지기 때문에 원 저작자가 특별히 문제 삼지 않는다고 하여 관행적이고 타성적으로 공개된 웹 자료의 인용에 있어서 지적 재산권의 침해를 저지른다면, 이것은 맥스웰이 말하는 도덕적 타성(moral inertia)이 사이버 공간에서 나타나는 한 형태라고 일컬을 수 있을 것이다.

복잡한 정보사회의 변화 과정에 있어서 그 정도의 비도덕적 행위는 당연한 것이며 예상할 수 있는 것이라고 생각하는 습관적으로 굳어진 타성으로 인하여 무디어진 도덕적 민감성과 합리적 판단능력을 되살리는 데 정보윤리교육의 의의가 있다. 이러한 정보윤리교육은 사이버 공간에서의 도덕적 사태에 대한 불완전한 인식구조를 고치는 것을 통하여 올바른 대처를 할 수 있도록, 그리고 사이버 공간에서의 일상적 생활에 있어서 도덕적 고려의 우선성을 지적 재산권과 타인의 권리 존중에 둘 수 있도록 하여 공정한 정보의 이용과 그를 통한 공동체의 발전을 추구하는 것이 필요하겠다.

참고문헌

김현수 (2002), 『한국 청소년 정보윤리교육 과제 연구』, 서울대학교 대학원 국민윤리교육과 교육학 박사학위 청구논문.

김현수·송재범 (2001), 『디지털 시대의 직업윤리』, 서울: 인간사랑.

이정은 (2002), "헤겔 '법철학'에서 사유재산과 불평등 문제", 한국헤겔학회 편, 『헤겔 철학의 역사적 지평』, pp. 151-182, 서울: 철학과 현실사.

임석진 (1990), 『헤겔의 노동의 개념』, 서울: 지식산업사.

정보통신윤리위원회 편저 (2005), 『정보사회윤리학』, 서울: 이한출판사.

APA, "Electronic Media and URLs", APA Online., URL: [http://www.apastyle.org/elecref.html] Retrieved 9/30, 2005.

Berleur, Jacques, & Klaus Brunnstein (1997), *Ethics of Computing: Codes, spaces for discussion and law*, London: Chapman & Hall.

Bowyer, Kevin W. (1996), *Ethics and computing: Living Responsibility in a Computerized World*, IEEE Computer Society Press.

Day, B.C. & Day, P.C (1996), "The internet and ethics: dilemma and decisions for institutions of higher education", in Kizza, J. M., *Social and Ethical Effects of the Computer Revolution*, pp. 45-52.

Forester, Tom, & Perry Morrison (1997), *Computer Ethics: Cautionary tales and ethical dilemmas in computing*, MA: MIT Press.

Friedman, Batya (1997), *Human Values and the Design of Computer*

Technology, Cambridge: Cambridge University Press.

Froehlich, T. J. (1997), *Survey and Analysis of the Major Ethical and Legal Issues Facing Library and Information Services*, UNESCO IFLA publications.

Kizza, J.M (ed) (1997), *Social and Ethical Effects of the Computer Revolution*, NC: McFarland & Company.

Locke, John, 강정인·문지영 옮김 (1996), 『통치론』, 서울: 도서출판 까치.

Milo, R. (1983), "Amorality", in *Mind*, V. 92, pp. 481-498.

Spinello, Richard (1997), *Case Studies in Information and Computing Ethics*, NJ: Prentice Hall.

Spinello, Richard, 이태건·노병철 역 (2001), 『사이버 윤리』, 서울: 인간사랑.

URL 1: "저작권법 개요", 네이버 백과사전, URL: http://100.naver.com/100.php?id=133878 (검색일: 2005. 10. 1).

3장 정보화와 개인정보 보호의 현황 및 과제: 계약론과 의무론의 윤리적 근거를 중심으로*

I. 서론

전 세계적인 흐름으로서의 정보화 추세는 한국사회에 있어서도 이미 정보 사회 혹은 후기 산업 사회의 도래가 이미 이루어 졌음을 알리고 있다. 전통적인 산업사회에서 후기 산업 사회로의 전환을 직접 체험하고 있는 기성세대에 있어서 정보화는 충격적인 변화의 양상으로 다가왔다가 점차 일상적으로 경험하는 삶의 구성 요소들 중 하나로 자리잡아가고 있다. 그리고 이미 어느 정도 정보화가 이루어진 현재의 상황 하에 태어나는 새로운 후속 세대들에게 있어서 정보화란 자신의 삶의 시작과 더불어 이미 그 자리에 있는 존재를 구성하는 단위를 의미하는 하나의 실존적인 사실로 받아들여지고 있다.

이러한 정보 사회의 등장에 관한 설명은 일반적으로는 정보통신혁

---

* 이 글은 2006년에 작성된 논문을 수정한 것이다. 관련 현황 자료를 최신 자료로 수정하지 않은 것은 향후 수행할 시계열적 분석 연구에서 2006년 당시의 현황을 이해하는 분석 자료로 활용하기 위함임을 밝힌다.

명에 의하여 가능해진 것이라고 설명되지만, 이러한 시각은 기술 결정론적인 시각의 반영이라고 할 수 있다. 정보 사회가 등장하게 된 배경에는 단순한 정보통신기술의 발전뿐만 아니라 이를 수용할 수 있는 사회적 조건, 이해관계, 그리고 다양한 권력관계 등이 존재하고 있음을 고려하여야 할 것이다. 그리고 이러한 다양한 사회적 조건 및 관계들에 관한 정립은 도덕적 문제로 연결된다.

새로운 기술은 언제나 도덕적 문제를 야기하게 된다. 그러한 기술은 인간의 행위에 있어서 새로운 가능성을 열어주기 때문이다. 이러한 문제를 정보통신과 연관 지어 살펴볼 때, 새로운 정보기술로 인한 사회적 변화는 인간관계 및 사회제도에 영향을 미치게 된다. 이로부터 정보기술은 우리의 일상적 도덕의식, 즉 개인의 권리와 책임에 대한 우리의 생각이나 우리가 추구하는 선 및 사회 제도에 깃들여 있는 전략 등에 도전해 옴으로써 윤리와 관련된 문제가 대두되는 것이다(Johnson, 2001: 283).

이러한 측면에서 새로운 정보기술이 가져오는 윤리적 문제들 중 윤리적 행위의 당사자로서 개인에게 직접적으로 연관을 맺고 있는 개인 정보의 보호 및 관리와 관련된 문제를 탐구하고자 하는 것이 이 글의 목적이다. 이를 위하여 먼저 개인정보의 개념에 관하여 먼저 살펴본 후, 정보화 및 정보 사회가 갖는 윤리적 함의와 더불어 그 속에 개인정보의 위상이 직교(直交)되는 원인에 관하여 분석한다. 다음으로 이러한 정보화의 추세 속에서 개인정보의 보호를 정당화할 수 있는 윤리적 근거에 관하여 탐구한다. 마지막으로 개인정보 보호의 현황을 진단하는 동시에 그 향후 과제에 관하여 전망하고자 한다.

Ⅱ. 정보화의 맥락 속에서 개인정보가 갖는 함의

1. 개인정보의 의미와 성질

개인정보(Personal Data / Personal Information)라는 표현은 독일의 1997년 연방테러보호법에서 사용된 개인관련정보(Personbezogenes Datum)에서 비롯된 것으로 보는 것이 일반적인데, 이는 프라이버시나 개인의 비밀이라는 표현의 외연이 불분명하여 형사정책상 가벌성의 범위를 확정하기 어려웠던 데서 나온 해결책이라고 한다(장영민, 1996: 8). 이러한 의미에서 개인정보는 정보주체의 자기결정권에 의한 통제 하에서 수집, 저장, 관리, 유통될 수 있는 개인에 관련된 자료 및 정보라고 할 수 있고, 그것이 보호하고자 하는 법적인 이익은 정보의 자기결정권 내지 자기통제권이라고 할 수 있다.

개인정보는 생존하는 개인에 관한 정보로서 당해 정보에 포함되어 있는 성명, 주민등록번호 등의 사항에 의하여 당해 개인을 식별할 수 없더라도 다른 정보와 용이하게 결합하여 식별할 수 있는 것을 포함한다(공공기관의 개인 정보 보호법에 관한 법률 제2조 제2호, 정보통신망 이용촉진등에 관한 법률 제2조 제6호 참조). 이러한 관점에서 개인정보란 개인의 신념, 신체, 재산, 사회적 지위, 신분 등에 관한 사실 판단, 평가 등을 나타내는 일체의 정보를 의미하는 것이다. 개인정보에 관한 이러한 정의는 OECD의 개인 정보 보호지침의 내용과 같은데, EU지침 역시 개인정보를 '자연인을 식별하거나 식별하도록 할 수 있는 모든 정보(any information relating to an identified or identifiable natural personal data subject)' 로 유사하게 규정하고 있다(유희일·임명복, 2002: 17-37).

개인정보에 관하여 이러한 해석을 통하여, 개인정보는 생존하는 개인에 관한 정보와 개인 식별이 가능한 정보로 구별되어 살펴볼 수 있다. 우선, 생존하는 개인에 관한 정보로서 개인정보는 자연인으로서 현재 생존하고 있는 개인에 관한 정보만을 말한다. 따라서 이미 사망하였거나 사망으로 추정되는 자 또는 법인 기타 단체에 관한 정보는 개인정보의 보호대상에서 제외된다고 할 수 있다. 다만 사망자의 정보 중 사망자와 유족간의 관계를 나타내는 정보는 사망자의 정보인 동시에 관계되는 유족의 정보이기도 하므로 유족이 생존하고 있는 경우에는 개인에 관한 정보가 된다(권영성, 1993: 367).

개인 식별이 가능한 정보는 당해 정보에 포함된 사항에 의하여 당해 개인을 식별할 수 있는 정보를 말한다. 당해 특정 정보만을 가지고는 식별할 수 없으나 다른 정보와 쉽게 결합하여 당해 개인을 식별할 수 있을 경우에는 그것도 해당한다고 할 수 있다. 예컨대, 주소와 본적만을 가지고는 당해 개인을 식별할 수 없으나, 성명 및 주민등록번호 등과 조합할 경우 특정인을 식별할 수 있기 때문에 주소와 본적 등도 개인정보에 해당된다고 볼 수 있다(정보통신망 이용촉진등에 관한 법률 제2조 제6항 참조). 개인 식별이 가능한 정보에는 당해 개인정보에 대하여 특별한 정보를 가지지 못한 제3자가 보더라도 당해 개인을 식별할 수 있는 정보를 포함한다. 예컨대, 성명없이 특수한 직함이나 직명 등을 포함하고 있는 경우를 들 수 있다. 이용자 개인의 기호도 식별성이 있는 경우에는 개인정보에 해당할 수 있다.

이러한 개인정보가 갖는 성질 또는 개념적 특성을 더욱 명확하게 하기 위하여 법적 측면에서 검토하면, 개인정보의 권리적 측면을 헌법상 프라이버시권으로 보는 견해와, 개인정보를 개인의 재산으로서 개인이 소유하는 일종의 재산권으로 보는 견해로 나누어 볼 수 있다(김연수, 2001: 3-8). 먼저 개인정보를 헌법상 프라이버시권의 일종으로 보는 견해에서는 개인정보를 대한민국 헌법 제17조에서 규정하고 있는 사생활의 비밀과 자유의 불가침을 보장하기 위한 것으로 이해하는 견해이다. 즉 프라이버시를 헌법상의 권리로 보고 개인정보의 성격을 프라이버시의 일종으로 보아 양도할 수 없는 것으로 이해하는 입장이다.

이에 대하여 개인정보를 재산권의 일종으로 보는 견해에 있어서는 재산의 개념정리를 확대하여 개인정보를 재산의 범위에 포함시키자는 견해로서 저작권 및 특허권의 법리를 원용하여 주장되는 견해이다. 저작권이나 특허권은 창작이나 발명을 통하여 문화, 예술이나 기술의 수준을 향상시키는 대가로 일정기간동안 금전적 이익을 얻을 수 있도록 하는 한도 내에서 보호가 인정된다. 그러나 대부분의 정보는 창작물이라기보다는 발견물이라 할 수 있는 것이며, 발견물에 대하여는 그러한 보호가 인정되지 않는다는 점에 한계가 있다. 즉 개인정보는 특허법에서 요구하는 신규성이나 저작권법에서 요구하는 창작성이 결여된다고 보아야 하므로 보호의 대상이 되기 어렵다는 입장이다.

이러한 입장 차이는 개인정보의 종류에 대한 구분과도 그 맥락을 같이 한다. 개인정보의 종류는 그 영역에 따라 공공부문의 개인정보와 민간부문의 개인정보로 나누어질 수 있다. 개인정보를 프라이버시의 관점에서 접근하는 경우 종래 프라이버시 보호의 개념이 공공기관의 개인에 대한 프라이버시 침해 위주로 논의되어 온 관계로 공공부문의 개인 정보 보호에 관하여는 그동안 각국에서 입법에 의한 보호노력이 이어져 왔으나, 민간부문에 대한 개인 정보 보호 문제는 개인정보의 소유자와 취급자 사이의 개별적인 관계로 한정되어 취급되어 오다가, 최근 정보통신기술의 발달과 함께 전 세계적인 네트워크가 구성되고 개인에 의한 프라이버시 침해가 사회적 문제로 부각되면서 그 규제문제가 초점의 대상이 되고 있다.

우리나라에 있어서 개인정보에 관한 보호는 그 구체적인 실현의 양상과 관련지어 법제적인 측면에서 살펴볼 수 있다. 공공부문에 관해서는 공공기관의 개인 정보 보호에 관한 법률, 공공기관의 정보공개에 관한 법률, 행정정보의 공동이용기관 규정 등이 제정되어 이를 담당하고 있으며, 민간부문을 적용대상으로 하는 관련 법률로는 신용정보의 이용 및 보호에 관한 법률, 통신비밀보호법, 전기통신사업법, 정보화촉진법, 전자서명법, 전화법, 정보통신망 이용촉진 및 정보보호등에 관한 법률, 전자거래기본법 등에서 규정하고 있다(신용호, 2000: 168-172). 이때 실질적인 일반법으로서 기능을 담당하는 정보통신망 이용촉진 및 정보보호등에 관한 법률은 이전에 존재하였던 정보통신망 이용촉진등에 관한 법률의 적용범위가 통신서비스 제공자의 행위에만 한정되어 법적용의 사각지대가 존재한다는 지적과 함께 개인정보의 침해에 대한 효과적인 피해구제절차 마련, 이용자의 권리

보호 등에 지속적으로 제도보완의 필요성이 제기됨으로써 이를 개선하고자 마련된 법률이다.

이상과 같이 프라이버시로의 측면과 재산권으로의 측면으로, 또한 공공의 측면과 민간의 측면으로 존재하는 개인정보의 이중적 성격은 종래의 산업사회에서부터 존재하였던 개인정보의 성격이나 그것이 지니는 영향력 및 파급효과와는 확연히 구별되는 양상을 보이는 것이라 할 수 있다. 그리고 그러한 차이점이 나타나는 근본적 원인은 궁극적으로 정보 사회의 속성과 그것이 지니는 개인정보와의 관련성에 관하여 검토함으로서 더욱 명확하게 확인할 수 있다.

2. 정보 사회의 속성과 양적 측면에서의 성장

정보 사회에 관한 분석적 개념정의에 의한 관점은 다음의 다섯 가지로 구분된다(Webster, 조동기 역, 1997: 19-52). 첫째는 눈부신 기술혁신으로 인하여 사회의 거의 모든 부분에 정보기술(IT)을 사용하게 되는 것을 강조하는 기술적 정의이다. 둘째는 정보 사회에 관한 통계적 접근을 통하여 정보의 경제적 중요성을 강조하는 경제적 정의이다. 셋째는 정보업무와 관련된 직업이 지배적 추세가 되었는지에 관한 확인을 강조하는 직업적 정의이다. 넷째는 지역을 연결하고 시간과 공간의 조직화에 중대한 영향을 미치고 있는 정보통신망(network)을 강조하는 공간적 정의이다. 다섯째는 일상생활의 양식으로서 사회적 순환에서 정보가 엄청나게 증가하여 우리 삶의 일부가 되었음을 설명하고자 하는 문화적 정의이다.

그러나 이러한 다양한 개념들은 여전히 부정확하거나 불완전하다. 이러한 개념들은 정보 사회의 구성요소와 독특함에 관해서 여전히 설명하지 못하는 많은 의문을 제기하고 있기 때문이다. 특히 정보 사회라는 개념이 현대사회의 특징을 탐구하는 데는 발견적(heuristic) 도구로서의 일정한 가치를 가지고는 있지만, 이것이 규정적인 개념으로 받아들여지도록 하기에는 너무 부정확하기 때문이다. 따라서 정보 사회가 과거에 존재하였던 사회와 단절된 것인지, 혹은 과거부터 존재하였던 사회와 연장선상에 있는 것인지에 관해서는 질적 측면과 양적 측면을 함께 검토하는 것이 필요하다.

정보 사회의 양적 측면과 질적 측면에 관한 검토는 또한 산업사회와 후기산업사회 또는 정보 사회의 연속성과 단절성에 관한 논의로 연결된다. 정보화된 사회의 사회경제적 체제의 연속성을 강조하는 사람들은 정보의 질적 차원을 강조하는 입장이며, 정보 사회가 근본적으로 다른 체제임을 주장하는 사람들은 양적인 증가가 사회체계의 질적인 변화로 이어짐을 주장하는 하나의 방편으로, 즉 거대한 질적인 변동을 설명하기 위해서 흔히 양적인 척도를 사용하고자 하는 입장이다.

그런데, 이 두 입장에 관한 분석을 시도하기 위해서는 우선 정보의 양적 측면에 있어서의 증대를 우선적으로 검토할 필요가 있다. 무엇보다도 정보 사회에 관한 대부분의 정의가 정보통신 관련 업계종사자의 수, GNP 중에서 정보가 차지하는 비중 등에 관하여 검토하고자 하는 양적인 척도를 가지고 있기 때문이다. 이러한 척도로 측정된 정보가 지배적이 되는 어떤 불특정한 시점에 이르면 우리는 정보 사회에 진입하게 된다고 가정할 수 있다(Webster, 조동기 역, 1997: 53-54).

정보 사회의 구성 방향은 정보기술의 발달과 관련지어 유비쿼터스(ubiquitous) 컴퓨팅 사회로 진화해 가는 것이라고 일컬어진다. 정보통신 업계의 전망에 의하면 이러한 유비쿼터스 컴퓨팅의 진화 단계는 여섯 가지의 단계로 정리될 수 있다(와이즈버디닷컴 기술지원팀, 2006: 3-8). 첫 번째 단계는 기기의 지능화 단계이다. 이는 자동차 및 전자기기에 MPU라고 불리우는 초소형 연산처리장치(microprocessor unit)이 내장되기 시작하는 것을 의미한다. 두 번째 단계는 모바일(Mobile)보급단계이다. 이는 휴대전화 및 PDA(개인휴대용 정보단말기: Personal Digital Assistants)등의 휴대용 정보기기가 보급되는 단계이다. 세 번째 단계는 일상용품에 컴퓨터가 내재화 되는 단계로서 작은 센서들이 의류, 문구류, 장식품류 등 삶에서 일상적으로 사용되는 일상용품들 중 일부에 컴퓨터 칩의 형태로 들어가기 시작하는 단계이다. 네 번째 단계는 입을 수 있는 단계로서 정보통신기기의 초소형화를 통하여 휴대성이 지극히 간편해지는 단계이다. 이때 초소형화된 정보통신 기기들의 특징은 신체착용 장치(handheld or wearable device)라는 말로 표현된다. 다섯 번째 단계는 환경에 컴퓨터가 내재되는 단계이다. 이 단계 이전까지는 컴퓨터를 가지고 다니는 것이 얼마나 편리하게 되어 가는지에 관하여 검토하는 수준이라면, 환경 내재 단계에서는 이제 생활공간에 컴퓨터 프로세서와 센서가 내재되어 가는 것을 목도하게 되는 것을 의미한다. 여섯 번째 단계는 마지막 단계인 유비쿼터스 컴퓨팅(Ubiquitous Computing)의 단계로서 언제 어디서나 정보통신 활동이 자유롭게 이루어지는 것으로 환경, 사물, 인간의 네트워킹이 삶의 유기적인 호흡처럼 이루어지는 단계를 말하는 것이다.

이러한 관점에서 바라본다면, 정보 사회는 이미 도래한 것인 동시에 그러한 맥락 속에서 진화적으로 구성되어가고 있는 어떠한 것이라고 할 수 있다. 일상의 모든 영역에서 중요한 기능을 담당하고 있으며 그것은 결코 사라지는 것이 아니라 더욱 증대하고 있지만 눈에 보이지 않게 일상의 환경 내부로 숨겨지는 유사한 속성으로 인하여, 정보 사회에서의 컴퓨터 센서와 마이크로프로세서는 마치 산업사회에서의 모터에 해당하는 기능을 담당하는 것으로 이해되고 있다. 우리의 현재 한국사회 일반의 정보화 단계를 이러한 준거에 의하여 살펴보자면 현재의 단계는 모바일 보급 단계와 일상용품 내재화 단계의 중간 정도 수준에 와 있는 것으로 이해되며, 일부 특수한 영역에서는 입을 수 있는 단계의 영역이라는 단초 역시 나타나고 있는 상황이다.

3. 정보 사회의 질적 성숙과 개인정보의 보호

정보 사회의 변화에 관한 정보유통의 양적 측면과 질적 측면을 함께 검토하는 경우, 분명한 것은 단순히 정보가 많은 것을 측정하는 양적인 척도 그 자체로는 과거 사회의 단절을 확인할 수 없는 반면에, 그와 더불어 이루어지는 소규모이지만 결정적인 질적 변화가 수반되어야 체제상의 단절을 표현하는 것으로 보는 것이 이론적으로는 가능하다는 사실이다. 실제적으로 정보 사회에 있어서 정보유통의 양적 증가만으로는 사회가 근본적으로 변동하였다는 것을 명확하게 증명할 수는 없다. 정보가 동질화되고 계산적으로 됨에 따라 이러한 질적인 쟁점이 배제되어버리면, 정보활동에 관한 엄청난 통계치가 생산되면서 그러한 추세가 사람들의 전체 삶을 질적으로 변화시키게 될 것이라는 오류를 범할 수 있게 되기 때문이다.

문명화 과정에서 중심을 차지하는 핵심적 사고는 정보의 양적 측면에 기반을 둔 것이 아니라고 설명할 수 있다. 우리 사회의 중심적인 사고들을 구성하고 있는 영역중 중요한 일부는 가치판단에 관한 언명을 담지하고 있는 도덕적 언술로 이루어진 것들이다. 이러한 핵심적인 사고들이 언제나 반드시 옳은 것이라 할 수는 없지만, 이들은 사고 과정에 있어서 정보의 질적인 측면과 밀접한 관련성을 맺는 것이다. 이는 통계적인 척도에 대한 비판적 시각으로 집약되며, 또한 정보를 논의하는 데 있어서 질적 판단을 도입하는 것과 맥락을 같이하는 것이다. 이러한 질적 판단의 핵심적인 부분은 사실상 정보의 생성, 가공, 유통, 소비, 폐기에 이르기까지 정보의 일생사에서 발생하는 다양한 윤리적 문제를 포괄적으로 다루는 정보윤리의 영역으로 연결된다.

정보윤리는 오늘날 환경윤리, 생명윤리와 더불어 주목받고 있는 대표적인 응용윤리의 한 분야이다. 이론윤리학이 윤리적 문제에 있어서 도덕적 선악판단의 기준이 될 수 있는 최종적 원리와 그러한 원리로부터 도출된 세부적인 규칙들의 체계를 제시하는 학문이라면, 응용

윤리학은 그러한 원리 내지 규칙들을 실제 윤리 문제에 적용하는 학문이라 말할 수 있다(박찬구, 2005: 53-54). 이러한 논의를 정보윤리에 있어서 개인정보의 침해와 보호에 적용하여 본다면, 개인정보와 관련된 윤리적 논점들의 과제는 개인정보가 문제되는 특수한 문제 상황의 성격을 밝히고 그로부터 생겨나는 문제들을 적절히 다룰 수 있는 윤리 이론을 선정하여 실제 상황에 적용함으로써 문제의 해결을 도모하는 것이라고 할 수 있다.

개인정보가 문제되는 특수한 문제 상황은 바로 정보 사회의 맥락 속에서 살펴볼 수 있을 것이다. 과거의 개인 정보는 개인의 신분을 나타내는 단순한 의미 밖에는 없었으나, 오늘날 정보 사회에서의 개인정보는 인간의 존엄과 자유를 실현하기 위하여 반드시 보호되어야 하는 필수적인 요소이자 전자상거래, 금융거래 등 기업 활동을 위해서도 없어서는 안 될 핵심적인 가치로 기능하고 있다. 이러한 개인정보의 수집 및 이용은 사회 전 영역에서 다양한 형태로 확대되고 있고 그 규모 면에서도 대규모로 수집 이용되고 있기 때문에 개인정보의 유출이나 오남용의 위험성도 그만큼 증가되었다. 이러한 개인정보의 오남용은 정신적 및 경제적 측면에서의 피해를 야기할 뿐만 아니라 명예훼손 등의 심각한 인격권 침해로 연결되기도 한다.

이렇듯 개인정보가 문제되는 상황은 다양한 형태로 존재하고 있는데, 이러한 상황들에 관한 유형화는 개인정보의 침해에 대한 구제가 어떠한 형태로 이루어지고 있는가에 관한 확인을 통하여 분류가 가능하다. 현재 우리나라에서 개인정보의 피해 구제는 다양한 형태로 이루어지고 있다. 구체적으로는 정보통신, 금융, 의료 등 각 개별분야마다 개인정보와 관련하여 이를 관리 감독하는 담당 행정부처 또는 관련 법령에 의해 설립된 기구 등이 해당분야의 개인 정보 보호 역할을 나누어 맡고 있는 실정이다. 예를 들면 공공기관의 개인정보 침해에 대하여는 행정자치부에서, 금융기관의 신용정보의 침해에 관해서는 금융감독원이 피해구제 업무를 하고 있으며, 정보통신 분야에서는 정보통신부, 한국정보보호진흥원 내 개인정보침해신고센터에서 관련 업무를 수행하고 있다. 또한 개인정보 관련 분쟁을 조정하기 위해서 개인정보 분쟁 조정위원회가 설립되어 있다(강달천, 김민섭, 김현철, 2005: 7-9).

이러한 다양한 사항들과 관련지어 볼 때, 개인정보는 정보주체의 프라이버시 보호 요구와 사업자의 마케팅 등의 수집 및 활용 사이에 이해상충 및 갈등관계에 있으며 이에 따라 개인정보 침해의 위험성이 증가되고 있다. 또한 대량의 개인정보가 중앙 집중 방식으로 수집 관리되어 데이터베이스화 되면 사업자의 고의 또는 과실에 의해 언제라도 개인정보가 침해, 누설될 수 밖에 없는 위험성에 놓여지게 된다. 개인정보의 침해는 이러한 상황에서 정보주체의 동의 없이 개인정보가 수집, 이용, 제3자에게 제공되는 일체의 피해를 포괄하여 일컫는 것으로 해석할 수 있을 것이다. 따라서 이러한 침해를 사전에 예방하고, 사후에 지체 없이 구제하고자 하는 사회적 노력은 정보주체로서 개인의 존엄과 자유로운 인격의 형성 및 발전을 위한 시도로서 윤리적 의미를 지닌다고 할 수 있다. 개인정보가 적절히 보호되지 않는 사회에서는 개인의 안전하고 자유로운 삶이 보장될 수 없다는 개인 윤리적 차원의 문제가 발생할 뿐만 아니라, 건전한 지식정보 사회의 발전을 도모할 수 없다는 사회 윤리적 차원의 문제가 함께 일어나기 때문이다.

Ⅲ. 개인 정보 보호의 윤리적 근거

개인 정보 보호의 윤리적 근거는 먼저 개인정보의 보호를 대상으로 하는 윤리적 행위의 주체에 관한 이해의 시도가 선행되어야 할 것이다. 이러한 윤리적 행위의 주체는 개인정보와 관련한 문제가 직접적으로 대두되는 공간적 범위로서 인터넷에 관한 이해관계를 중심으로 검토될 수 있다. 그리고 이를 바탕으로 하여 그러한 행위 주체들의 활동을 정당화 하는 개인 정보 보호의 윤리적 근거에 관한 접근이 이루어질 필요가 있다. 특히 이러한 접근은 앞서 살펴본 바와 같이 정보 사회에서 개인정보 자체가 갖는 사적 영역에서의 중요성과 공적 영역에서의 중요성이라는 이중적인 속성으로 인하여, 개인정보 보호의 윤리적 근거는 프라이버시와 관련한 기본권 보호라는 측면과 재산권 보장이라는 측면의 두 가지 양상에서 검토될 수 있다. 그리고 이러한 측면의 검토는 개인정보의 중요성을 강조하는 입장에서 개인의 자유로운 계약과 그 준수를 강조하는 계약론적 입장과, 행위 자체의 결과가 아니라 내적 성격에 주목하는 의무론적 입장에서 그 윤리적 근거를 찾을 수 있을 것이다.

1. 정보 사회에서 개인정보와 관련된 이해당사자의 분석

이해당사자 분석법(stakeholder analysis)은 전략적 경영과 사회적 책임에 있어서 제기되는 많은 쟁점들을 다루기 위한 하나의 도구로 등장한 연구방법이다. 그런데, 이는 개인 정보 보호가 이루어지는 공간적 영역으로서 인터넷과 관련하여 분석 도구로서의 적절성을 지닌다. 인터넷은 규칙과 정책의 궁극적 원천이 되는 범지구적인 중심 권위나 통치 기구가 따로 존재하지 않는 것으로서, 조직이 아닌 일종의 기술적 하부구조로서 존재하는 것이다. 분권적 하부구조로서 인터넷이 갖는 지위는 우리가 기본적으로 이해당사자들 자신의 관점에서 이해당사자 분석에 종사함을 의미하는 것이다. 즉, 그들의 인터넷에 대한 관심과 염려는 무엇이며, 어떤 특정 방식으로 인터넷을 이용함에 따라 그들에게 어떤 의무가 발생하는가에 대하여 분석함을 의미한다는 말이다.

이러한 논의를 더욱 확장시켜 이해하면, 이러한 여타의 이해당사자들이 사회적으로 책임감 있게 행동하기를 바라는 한, 인터넷상에서 능동적으로 활동하는, 그리고 어떤 방식으로든지 이 분권적 하부구조에 영향력을 행사할 능력을 지닌 사람 또는 집단들이 이들 이해당사자들의 이익을 고려해 주어야 한다는 점이 확인될 수 있다. 현재의 시점에서 이것은 인터넷의 모든 이해관계를 포괄하는 것은 아니지만, 인터넷과 비교적 주요한 연관성을 맺고 있는 집단은 대략 일곱 가지 정도로 분류될 수 있다(Spinello, 이태건·노병철 역, 2001: 89-96). 이에 관하여 자세하게 분석해 보면 다음과 같은 내용이 이해당사자 분석에서의 고려 대상으로 제시된다.

첫 번째 이해당사자 집단은 게임, e-mail, 온라인 구매, 교육 등의 목적으로 인터넷을 이용하는 개별 이용자와 개별 이용가구들로 구성된다. 이들은 날이 갈수록 인터넷 의존도가 높아지고 있다. 그들의 관심영역은 프라이버시 및 안전문제로부터 가정에서의 어린이들이 쉽게 접할 수 있는 다양한 인터넷 컨텐츠에까지 이른다. 물론, 이러한 컨텐츠에는 긍정적인 내용에 대한 장려뿐만 아니라 부정적인 내용에 대한 우려까지 모두 포함된다. 소비자들은 온라인구매의 편리성을 누린다. 하지만 그들은 거래의 안전성과 프라이버시 보호가 확보되기를 원한다.

두 번째 이해당사자 집단은 인터넷을 회사나 개인 이용자들이 사용할 수 있도록 만들어주는 인터넷 서비스 제공자(ISPs : Internet Service Providers)들이다. 이 범주에는 온라인 판매와 판촉을 위한 웹사이트 설정이 가능하도록 만들어주는 브라우저 및 응용프로그램 등을 제조하는 소프트웨어 회사들이 포함된다. 이와 더불어 인터넷이 작동할 수 있는 사회간접자본에 해당하는 기반 설비를 제공하는 전자통신기업 역시 인터넷의 하부구조 제공자(Infrastructure Providers)로서 일정 부분 참여하게 된다. 이들은 인터넷에 실질적인 경제적 이해관계를 지니고 있음을 그 특징으로 하고 있다.

세 번째 이해당사자 집단은 다양한 목적을 위하여 현재 인터넷을 이용하는 기업들이 해당된다. 인터넷이 기업 내부통신망(Intranet)의 중추 역할을 하고 있는 회사들도 더러 있다. 인터넷은 또한 e-mail과 웹이 기초를 둔 전자 상거래용으로 그 용도가 확장되어 쓰이기도 한다. 이에 더하여 인터넷을 통해 기업과 그 고객 및 납품업자들 사이의 관계가 자동화되고 네트워크화 됨으로써 상품과 용역의 매매방식에 변화가 일어나고 있다. 이는 비용을 억제하고 수입을 증대시키는 메커니즘에 기여하게 되므로, 기업들은 인터넷이라는 범지구적인 통신망에 주요한 경제적 이해관계를 갖게 된다.

네 번째 이해당사자 집단은 도서관, 학교, 병원, 사설 연구기관 등을 포함한 모든 비영리 단체들로 구성된다. 이 단체들이 영리 목적으로 인터넷을 이용하지는 않지만, 기금을 조성한다거나 충원을 목적으로 인터넷을 활용하기 때문에 이러한 기관들 역시 대부분 강력한 이해관계를 지닌다. 예를 들면, 비용 절감과 업무의 효율성을 제고하기 위하여 각 대학들이 온라인으로 입시원서를 접수받기 위하여 웹사이트를 이용한 것들이 여기에 해당된다.

다섯 번째 이해당사자 집단은 언론매체들이다. 현재 전통적인 언론매체의 브랜드가 인터넷상의 뉴스보도를 지배하는 모습을 보이는데, 이 기관들은 뉴스 이벤트를 실시간으로 보도하는 세련된 웹사이트를 설정해 놓고 있다. 이에 대하여, 인터넷에는 어떤 특정한 정치적 관점에서 뉴스를 보도하고 논평하는 대안적 인터넷 뉴스매체들이 탑재되어 있기도 하다. 인터넷은 뉴스거리가 될만한 정보를 널리 알리기 위한 하나의 역동적이고 새로운 모형을 창출하고 있음이 제시될 수 있다. 이는 어떠한 사건의 내용이 충분히 검증되기도 전에 웹사이트에 보도되는 경우가 있기 때문에, 이러한 경우에는 내용상의 신빙성에 대한 문제제기가 등장할 수 있다. 또한 보도 내용은 정보통신망을 타고 신속하게 인터넷 전체에 확산됨으로써 사실상 철회가 불가능하다는 특성을 지니고 있기 때문에 웹사이트상의 오보를 다시 바로잡기 어렵다는 문제점을 지니고 있다. 그럼에도 불구하고, 인터넷은 정보의 원천이 되는 것이 사실이며 또한 언론매체들 역시 자신들의 뉴스를 보급하기 위하여 인터넷에 이해관계를 지니고 있다.

여섯 번째 이해당사자 집단은 다양한 이익단체들이다. 이들은 인터넷에 간접적인 이해관계를 지닌 고전적인 훈수꾼으로서의 이해관계를 지니고 있다. 이러한 이익단체들은 두 가지 형태로 활동의 모습이 나타난다. 그 한 가지는 인터넷에 직접적인 경제적 이해관계를 가지는 것은 아니지만 인터넷과 관련된 각종 정책과 규제에 영향력을 행사하는 형태로 활동이 이루어진다. 다른 한 가지는 인터넷에 직접적인 경제적 이해관계를 가지고 그들 각자의 산업에 도움이 되는 인터넷 정책을 끌어내기 위하여 로비를 벌이는 형태로 활동이 이루어진다.

일곱 번째 이해당사자 집단은 바로 국가이다. 이는 인터넷 접속통로를 갖추고 있는 전 세계 여러 나라의 중앙 정부 및 지방정부들이다. 실제 모든 주권 국가는 어떠한 방식으로든 인터넷에 의하여 영향을 받고 있다. 그리고 이러한 국가 및 정부의 활동은 정부기관 및 정부활동 관련 기관의 형태로 나타난다. 특히 이것은 인터넷의 분권적 특성으로 인하여 야기되는 무정부적 통신망에 관하여 다소간의 중앙집권적 통제를 시도하고자 하는 입장과 그 맥락을 같이 하는 부분이 존재하기도 한다.

이러한 이해당사자 분석에 의한 접근은 인터넷에 관하여 주요한 결정을 내리는 이들로 하여금 인터넷상에 존재하는 어떠한 특정 이슈들과 직·간접적 관련을 맺고 있는 사람들의 정당한 요구와 권리에 맞추어 스스로의 전략 계획을 조정하도록 이끈다. 실제로 이들 이해 당사자들의 권리와 정당한 이해관계를 존중해 주는 세심한 배려를 통해 인터넷 관련 기술을 배포하고 또한 사이버 공간에 통용되는 규칙과 정책들을 개발해야 할 도덕적 의무가 있다고 하겠다. 여기에는 사이버 공간에서의 행동을 통제하고 사이버 공간의 사회적 환경을 모양지을 수 있는 인터넷 장치의 개발뿐만 아니라, 그 속에서 하나의 실체이며 재화로 존재를 구성하는 개인정보에 관한 보호 또한 분명히 포함된다.

2. 개인정보 보호에 관한 계약론적 근거

개인정보를 기본권으로 이해하는 입장은 개인정보가 프라이버시와 관련된 입장에 대하여 중점을 두는 입장이다. 이때 개인정보는 추상적인 권리로서 프라시이버시권이 실체화 되는 것으로서, 그것은 헌법상의 권리인 동시에 양도 불가능한 인간의 본질적인 권리로 파악된다. 따라서 개인정보의 침해를 통한 프라이버시의 상실은 궁극적으로 기본적인 인권의 상실을 의미하는 것이다.

관료체제의 강화 및 자본기업의 확대로 특징지어지는 현대사회는 갈수록 고도화된 컴퓨터 기술을 활용하여 그 어느 때보다 개인정보에 대한 수집, 처리, 활용의 요청이 광범위하게 확대되고 있다. 사실상 정교하게 유통되는 개인정보의 침해상황을 추적하기란 결코 쉽지 않다. 따라서 프라이버시 침해의 여지가 있는 모든 절차를 통괄하여 인간의 존엄성과 인격 유지 보호를 목적으로 하는 제도적 장치의 구현이 강력하게 제기되고 있다(전석호, 2001: 302-309).

도덕관을 예시하는 추론방식 중 권리에 기초한 분석법은 일반적으로 계약론이라 불리워진다. 이 접근법은 문제가 되는 인간의 권리라는 관점에서 도덕적 논제를 바라본다. 이때 권리는 무엇인가에 관한 자격 부요 또는 권익 주장을 의미하는 것이다. 그리고 이것의 구체적인 형태는 헌법에 보장된 기본권에 의하여 개인들이 보호받을 자격을 갖추게 되는 것으로 현실 속에 실체화 된다.

계약론을 지지하는 사람들은 공리주의적 관점과는 반대로 어떤 행동의 결과는 도덕적으로 부적절하다. 모든 시민은 솔직하게 자신의 권리를 향유하며, 설사 다수의 복지를 최대화하는 데 도움이 되는 경우라 할지라도 그것을 핑계 삼아 소수의 권리를 보류시키거나 폐지할 수는 없다는 특징을 지닌다. 그리고 이러한 권리는 그것이 보장되는 형태에 따라 다시 적극적 권리와 소극적 권리로 분류될 수 있다.

적극적 권리의 소유란 그것을 지닌 사람은 자신의 합법적인 이익을 추구하기 위하여 필요한 것이면 무엇이든지 제공받을 것을 요구할 수 있음을 함축하는 것이다. 개인이 이러한 권리를 행사하게 된다면 그 요구를 수용하고 집행하는 의무를 지니게 되는 행위자는 정부 당국이 된다. 의료권과 교육권 등이 적극적 권리의 사례라고 할 수 있다. 이것은 정보격차의 해소와 관련하여, 모든 사람들이 인터넷에 접속할 권리가 있다고 한다면, 정부 당국은 그렇게 할 만한 여유가 없는 이들에게 인터넷에 접속할 수 있는 여건을 제공할 의무를 수행하여야 한다는 의무에 대한 근거로 주장될 수 있다.

이에 대하여 소극적 권리의 소유는 어떤 개인이 자신의 일에 대한 외부의 간섭으로부터 자유로움을 뜻하는 것이다. 이러한 소극적 권리의 사례로는 표현의 자유, 재산권, 프라이버시권 등이 있다. 모든 시민들은 누구나 자신의 가정에서의 프라이버시권을 지니는 것과 마찬가지로, 개인정보에 관해서도 일정한 권리를 지니게 된다. 따라서 그것이 법률을 위반할 가능성을 명백하게 보이지 않는 한, 국가나 기업 또는 다른 어떠한 행위자가 개인의 사사로운 일에 간섭하거나 방해해서는 안된다는 주장이 도덕적 정당성을 확보할 수 있게 되는 것이다.

철학적으로 권리의 기초에 관한 논의는 로크(Locke)와 루소(Rousseau)로 대표되는 근대철학자들을 비롯하여, 롤즈(Rawls) 등으로 대표되는 현대철학자들에 의하여 논의되었다. 이들에 의하면 개개인과 시민사회 사이에는 묵시적으로 맺어진 사회계약이 있으며, 그에 따라 개인들은 기본권을 지니게 된다고 주장된다. 개인들은 조직된 시민사회 밖에서 일종의 계약에 동의하게 되는데, 그 계약은 권리와 의무를 포함하여 자신이 소속되어 있는 연합체의 근본 원칙들을 명기하고 있는 것을 의미한다.

이때 권리는 상호보상의 한 측면으로 나타나게 된다. 시민사회의 법과 규정에 따르는 한, 우리는 일정한 권리를 보장받게 된다. 이러한 계약은 사실관계에 관한 논의가 아니라, 사회 제도와 그것의 개선을 위한 노력의 도덕적 본질을 평가하기 위한 하나의 기준으로서 합리적 개인들이 수용할 수 있는 이상이기 때문에 반드시 현실적일 필요는 없다는 것이 그 특징으로 나타난다(Spinello, 이태건·노병철 역,

2001: 49-52).

이러한 권리에 기초한 이론들은 권리들 간에 갈등이 일어날 때 실제적인 분규의 해결을 위하여 적절한 기준을 제시하는 데에는 다소 난점을 지니고 있다. 현실적으로 어느 쪽 권리를 보다 우선시 할 것인가에 관한 문제가 존재하기 때문이다. 그러나, 이러한 권리에 기초한 윤리적 접근이 지니는 핵심적 가치는 개개인의 법적, 도덕적, 계약의 권리를 정의와 공정성의 기초로서 존중해야 할 필요성에 초점이 맞추어져 있다는 것이다. 그리고 이러한 맥락 하에서 개인정보는 사회경제적 측면에서 공리주의적인 계산의 대상이 되는 것이 아니라 정의와 공정성의 기초가 되는 구성요소로서 결코 보류되거나 폐지될 수 없는 기본적인 인간의 권리라는 측면에서 이해될 수 있다는 점을 고려하는 것이 중요하다.

3. 개인정보 보호의 의무론적 근거

인터넷이 지배하는 현대 사회 속에 살아가는 인간의 존재에 있어서 개인정보는 개인의 존재 자체를 규정짓는 하나의 수단이 된다. 그렇다면 이러한 개인정보는 인간이 존재함에 있어서 근본이 되는 핵심 가치와 필연적으로 연관을 맺게 된다. 이때 개인정보에 대한 보호는 안전이라는 핵심 가치를 표현하는 것이 된다. 개인정보에 대한 보호 그 자체가 핵심적인 가치가 될 수는 없다 하더라도, 그것은 인간이 기본적으로 보호받을 권리를 지니고 있다는 점에서 안전을 위하여 필수적인 것이다. 따라서 현재의 컴퓨터화된 네트워크 문화에 있어서 개인정보에 대한 보호는 소극적으로는 개인의 안전을 위해서, 나아가 적극적으로는 인간의 번영을 위해서 필수적인 것이기 때문에 개인정보에 관한 보호는 다른 핵심 가치들과 거의 동일한 수준으로 격상되고 있다.

이러한 가치는 외견상으로는 거의 모든 사람들이 타당성을 인정하고 있는 것이라 할 수 있다. 그러나 실제 문제가 야기되는 것은 바로 개인정보에 관한 보호가 종종 다른 기본권들과 갈등을 빚기 때문이며, 이러한 경우 어느 권리를 우선시할 것인가를 결정하는 일은 윤리학자들과 공공정책 결정자들에게 있어서 매우 곤란한 문제라고 할 수 있다.

이러한 문제에 관한 해결방법은 어떤 계획을 추진할 경우 예상되는 부정적 효과와 긍정적 효과를 계산하여 집행하고자 하는 공리주의적 입장에서 흔히 접근되는 경우가 많다. 공리주의에서 행위의 옳고 그름을 판단하는 기준은 행위의 외부에 있다. 그것은 입법을 하거나 사회 정책을 수립하는 데 중요한 근거로 예상되는 비용과 수익, 또는 위험부담과 수익에 대한 분석을 통해 어떤 정책을 결정하는 준거가 될 수 있기 때문이다. 그러나 이러한 결과에 대한 고려만으로는 도덕적 적실성을 확인할 수 없다는 문제점이 있다.

그런데, 개인정보의 보호라는 것은 어떠한 정책과 행동이 핵심적인 인간선의 실현에 기여하는가에 관하여 검토하는 메타 이론적 특성을 지니는 것이라 할 수 있다. 어떠한 정책의 결정과 집행이 인간의 기본적인 선에 반하지 않도록 신중히 선택되어야 한다는 의무로부터 연유되는 권리에 충돌하는 것이라면, 그것이 아무리 커다란 효용을 가져온다 할지라도 선호되어서는 안 되는 것이기 때문이다.

따라서 개인정보의 보호와 관련된 문제는 의무론적 측면에서 윤리적 고려의 대상이 될 필요가 있다. 의무의 개념에 기초한 도덕철학은 사람들이 자신의 도덕적 의무를 분별하고 수행함으로써 도덕관이 가장 잘 표현된다고 설명한다. 의무론에 있어서 행위를 도덕적으로 옳거나 그르게 만드는 것은 그 행위 자체가 내포한 원리로서, 이것은 행위 자체의 내적 성격에 주목하는 것이다.

의무론에 의하면 도덕은 무조건적으로 따라야 할 법칙, 즉 정언명법에 근거하는 것이다. 정언명법이란 그 명령의 전제가 되는 어떤 상위의 목적이 전제되지 않는 명령으로서, 어떤 목적을 추구하기 위한 수단으로서의 명령이 아니라 그 자체가 목적인 명령이다. 즉, 어떤 행동이 도덕적 가치를 지니는 것은 그것이 도덕적 의무 수행을 위하여 행하여 질 때뿐이다.

이러한 의무론의 대표자인 칸트(Kant)가 주장한 정언명법의 정식들로부터 응용윤리의 영역에서 고려하여야 할 기본적 원리가 도출될 수 있다. 그것은 도덕적 원리는 모두에게 동일하게 적용될 수 있는 객관적 타당성을 지녀야 한다는 것이며, 또한 인간의 존엄성에 입각한 것이어야 한다는 것이다. 이를 일상 행위의 검증 원리로 삼게 되면, 우리 각자는 자신의 행위에 대해 또는 행위 하기에 앞서 자신의 행위가 다른 사람의 행위로 나타났을 때에도 마찬가지로 일관성을 지니는지 여부에 관하여, 그리고 자신의 행위가 목적 자체로서의 인간성의 이념에 합치되는지에 관하여 항상 반성적으로 되물어볼 수 있을 것이다(박찬구, 2005: 84-85).

경우에 따라서 이러한 원칙은 존중의 관념으로 요약될 수도 있다. 보편적 도덕성을 표현하는 하나의 방법은 다른 사람들에 대한 존중이라는 일반원칙으로 표현하는 방법이다. 개인들은 자유롭고 이성적인 인격이기 때문에 그러한 존경을 받을 자격이 있다는 것이다(Spinello, 이태건·노병철 역, 2001: 54-60).

이러한 원리를 적용하여 보았을 때 개인정보의 보호와 관련된 도덕적 의무는 도덕적 준칙을 따르되 합리적이어야 한다는 것으로 정리될 수 있다. 이러한 의무론적 윤리체계의 중심에는 어떠한 행동에 대한 합리적 제약이 있을 수 있다는 관념이 자리 잡고 있다. 이를 개인정보의 보호와 관련지어 살펴보면, 인간을 목적으로 대한다는 원칙은 다른 사람을 착취하거나 그들을 어떠한 목표를 달성하기 위한 수단으로 다룰 수 없다는 것을 의미하는 것이다. 개인의 실존을 구성하는 구성요소로서 개인정보가 기능하고 있다면, 그러한 개인정보의 침해를 통하여 달성하고자 하는 어떠한 계획이나 목표는 개인정보를 침해당하는 개인의 가치를 결코 능가할 수 없다는 설명이 도출된다. 칸트식의 의무론적 도덕철학이 예외를 인정하지 않는 경직성을 보이기는 하지만, 바로 이러한 점에서 어떠한 예외도 없이 개인의 존엄성이 인정되어야 한다는 주장이 도덕적 근거를 확보하게 되는 근거가 된다고 설명될 수 있다.

Ⅳ. 개인정보의 침해와 대응 사례

한국에 있어서 개인정보 보호와 관련된 제도 도입의 필요성은 행정전산망 사업의 추진과 더불어 시작되었다. 1980년대에 들어 행정업무에 대한 전산화가 본격적으로 이루어지면서 전산화에 따른 역기능 예방이 중요한 사회적 이슈로 대두되었다. 주민등록, 국세, 부동산 관리 등 주요 행정업무 부문에서 개인에 관한 정보의 전산처리가 확대되면서 이들 자료들의 유출 악용에 대한 우려가 증가되었다. 그리고 이러한 점은 인터넷이 폭발적으로 확산됨에 따라 공공기관에서 뿐만 아니라 일반 기업체에서, 그리고 개인 사이에서도 많은 문제점의 형태로 나타나게 되었다.

1. 개인정보 침해 사고의 유형 분석

개인정보 피해의 구제를 가장 직접적으로 담당하고 있는 한국정보보호진흥원의 통계 자료를 살펴보면, 2005년 접수된 개인정보 피해구제 및 상담신청을 주요한 침해유형별로 다음과 분류하여 제시하고 있다. 먼저, 2005년 한 해 동안 한국정보보호진흥원에 접수된 개인정보 피해구제 및 상담 신청건은 총 18,206건으로 집계되었다. 이는 전년도 접수된 23,036건 중 불법스팸 관련 민원을 제외한 순수한 개인정보침해 민원 17,569건과 비교해 볼 때 큰 변동은 없으며 전년 수준을 유지한 것으로 나타났다. 이러한 개인정보 피해구제 신청건수는 한국정보보호진흥원이 2000년 개인정보 침해신고센터를 개소하고 개인정보 피해구제 사업을 시작한 이래 매년 지속적인 증가추세를 나타내었으나, 2003년도부터는 그 증가추이가 점차 둔화되는 추세라고 한다. 이와 관련한 유형 분류를 도표로 나타내면 다음과 같다. 참고로 이러한 분류는 개인 정보 분쟁 조정 위원회에서 정보통신망이용촉진 및 정보보호등에 관한 법률의 규정 및 그에 해당하는 법적 근거에 따라 유형화 한 것을 따른 것이다.

〈표 1〉 개인정보 침해 유형별 피해구제 신청 현황

(단위: 건, %)

침해 유형	2004년		2005년		증감율 %
	건수	비율	건수	비율	
이용자 동의없는 개인정보 수집	564	3.2	1,140	6.3	102.1 ↑
개인정보 수집시 고지 또는 명시의무 불이행	27	0.2	15	0.1	44.4 ↓
과도한 개인정보 수집	43	0.2	33	0.2	23.3 ↓
고자·명시한 범위를 초과한 목적외 이용 또는 제3자 제공	784	4.5	9[illegible]6	5.0	16.8 ↑
개인정보 취급자에 의한 훼손, 침해 또는 누설	235	1.3	186	1.0	20.9 ↓
개인정보 처리 위탁시 고지의무 불이행	2	0.05	4	0.05	100.0 ↑
영업의 양수 등의 통지의무 불이행	5	0.05	7	0.05	40.0 ↑
개인정보관리책임자 미지정	42	0.2	25	0.2	40.5 ↓
개인 정보 보호 기술적, 관리적 조치 미비	212	1.2	390	2.1	84.0 ↑

수집 또는 제공받은 목적 달성후 개인정보 미파기	107	0.6	152	0.8	42.1 ↑
동의철회·열람·정정 요구등 불응	2,312	13.2	771	4.2	66.7 ↓
동의철회·열람·정정을 수집방법보다 쉽게 해야할 조치 미이행	569	3.2	285	1.6	49.9 ↓
법정대리인의 동의 없는 아동의 개인정보 수집	736	4.2	71	0.4	90.4 ↓
주민번호 등 타인 정보의 훼손, 침해, 도용	9,163	52.2	9,810	53.9	7.1 ↑
기타 (신용정보침해, 직장프라이버시 침해 등)	8,235 (2,768)	15.8	4,401	24.1	59.0 ↑
합계	23,036* (17,569)	100	18,206	100	3.6% ↑

(출처: 강달천, 김민섭, 김현철, 2005: 36)

* 괄호 안은 기 발표된 2004년도 민원접수 건수(23,036)에서 불법스팸 관련민원 5,467건을 제외한 것임.

이 중 주요한 항목들에 관하여 분석해 보면 다음과 같다.

(1) 타인 정보의 훼손, 침해, 도용

전체 접수된 18,206건 중에서 가장 많이 접수된 침해유형은 타인정보의 훼손, 침해, 도용 사례로서 총 9,810건이 접수되어 전체의 53.9%를 차지하였다. 동 유형은 2004년도에도 9,163건이 접수된 데 이어 2005년도에도 최다 접수유형으로 기록되었다. 타인정보의 훼손, 침해, 도용 사례 9,810건을 좀 더 세부적으로 살펴보면, 먼저 주민등록번호 도용사례가 7,700건으로 가장 많았고 인터넷 ID, 비밀번호 도용사례가 624건, 전화번호 도용사례가 522건 순으로 나타났다.

첫째로, 주민번호 도용사례가 광범위하게 발생하고 있는 것은 대다수의 온라인 사업자들이 회원 가입을 받을 때 본인확인 및 성인인

증을 위한 필수요건으로 주민번호를 요구하고 있어 주민번호만 있으면 인터넷에서 제공되는 거의 모든 서비스를 제공받을 수 있는 사업관행이 조성되었고, 이로 인해 타인의 주민번호를 몰래 알아내거나 인터넷에 공개, 노출되어 있는 타인의 주민번호를 수집하여 인터넷 사이트에 회원으로 가입하거나 아동이 성인인증 서비스를 이용하는 등, 타인의 주민번호 도용 및 오남용 욕구가 커진 것이 그 원인이라고 하겠다.

둘째로, 인터넷 ID 및 비밀번호 도용사례도 꾸준히 발생하고 있는 침해 사례로서, 특히 이 유형은 단순한 정보 도용에 그치지 않고 이를 이용해 타인의 인터넷 계정에 로그인한 뒤 게임 아이템을 절취하거나 블로그, 미니홈피의 내용을 변조하는 등 2차적인 피해를 불러오는 경우가 많다. 따라서 인터넷 이용자들은 자신의 계정정보관리에 특별히 주의하여야 한다.

셋째로, 전화번호 도용 사례는 인터넷 게임 등을 이용하는 과정에서 채팅 등을 통하여 게임아이템, 사이버캐시 등을 무료로 주겠다고 유혹하여 전화번호를 알아낸 뒤 이를 이용해 온라인결제를 함으로써 경제적 피해를 입히는 사례로서, 특히 아동 및 청소년 연령층이 주된 피해 대상이 되고 있어 10대 연령층 및 학부모들의 각별한 경계가 요구된다.

(2) 이용자 동의 없는 개인정보 수집

전체에서 두번째로 많이 접수된 침해 유형은 이용자 동의없는 개인정보 수집 또는 개인정보 무단수집의 사례로서, 총 1,140건(6.3%)

이 접수되어 전년도 접수된 564건에 비해 무려 102%나 증가한 것으로 나타났다.

개인정보 무단수집 사례가 증가한 것은 고객확보를 위한 타겟마케팅이 필요한 통신사 영업점, 보험 등 금융사 영업점, 기획부동산 등의 업체가 개인정보 데이터베이스를 음성적인 경로로 수집한 뒤 이를 텔레마케팅 등에 악용하는 경우가 증가한 데 따른 것으로 보인다. 따라서 향후에는 음성적 경로로 유통되는 각종 개인정보 데이터베이스에 대한 단속과 처벌이 엄격히 이루어질 필요가 있다고 판단된다.

(3) 이용자 동의 없는 개인정보 목적외 이용, 제3자 제공 사례

이 침해유형은 사업자들이 고객의 개인정보를 당초 수집시 고지, 명시한 이용목적을 벗어나 무단이용하거나, 고객의 동의 없이 개인정보를 제3자에게 무단제공하는 사례를 말한다. 구체적으로는 통신사업자의 직원이나 대리점 등에서 영업이익을 노리고 고객의 개인정보를 이용해 부가서비스, 정액요금제 등에 무단가입시키는 사례, 처음에 가입했던 것과는 전혀 다른 상품이나 서비스 마케팅에 고객정보를 무단으로 이용하는 사례, 사업제휴 등을 빌미로 개인정보를 제3의 사업자에게 제공하면서 동의를 구하지 않는 사례 등이 이에 해당한다. 이 침해유형은 총 916건(5.0%)이 접수되었으며 전년(784건) 대비 16.8% 증가한 것으로 나타났다.

이러한 침해유형은 전체 민원 접수건수에서 차지하는 비중은 그리 크지 않지만, 서비스 무단가입에 따라 부당한 요금을 부과하게 되거나 자신의 개인정보가 외부로 유출된 사실을 뒤늦게 인지하게 되는 등 실제로 경제적, 정신적 피해를 야기하는 경우가 많아 주의가 필요하다.

(4) 동의철회, 열람, 정정요구 불응 사례

이 침해유형은 주로 이용자의 웹사이트 회원탈퇴요구 또는 개인정보 정정요구에 대해 사업자들이 불응하는 사례를 말한다. 동 유형은 총 771건(4.2%)이 접수되어 전년 접수건 2,312건과 비교해 볼 때 큰 폭의 감소추세를 보이고 있다.

이는 과거에는 회원탈퇴요청 및 개인정보 삭제요청 등 비교적 단순한 민원도 개인정보침해신고센터 등 관련기관의 도움을 청하는 경우가 빈번하였지만, 최근에는 사회 전반의 개인 정보 보호 인식향상으로 인하여 회원 탈퇴 요청 등 단순 민원은 이용자들이 구태여 민원을 제기하는 일 없이 사업자에게 직접 요청하고, 사업자 또한 지체없이 필요한 조치를 취해주는 경우가 많기 때문인 것으로 분석된다.

(5) 개인 정보 보호를 위한 기술적, 관리적 조치 미비사례

개인정보의 기술적, 관리적 보호조치 미비 사례는 총 390건(2.1%) 접수되어 전년 접수된 212건 대비 83.9% 증가하였다. 이는 최근 인터넷 사업자들의 기술적 또는 관리적인 보안조치 미비로 인하여 고객, 회원들의 개인정보가 인터넷에 무방비로 노출되고, 구글(Google) 등 검색사이트에서 이러한 개인정보가 손쉽게 검색되는 사례가 증가하는 것과 관련이 있는 것으로 판단된다.

(6) 법정대리인 동의 없는 아동 개인정보 수집 사례

법정대리인 동의 없는 아동의 개인정보 수집 사례는 2003년 1,195건, 2004년 736건 등 매년 다량의 민원이 접수되어 왔다. 그러나, 2005년에는 불과 71건이 접수되는 데 그쳐 전년대비 90% 이상 감소한 것으로 나타났다.

실제 지난 몇년간 아동들이 온라인 게임 웹사이트에 부모 동의없이 회원으로 가입함으로써 게임 이용료가 많이 부과되는 등의 민원이 다수 발생해 왔다. 그러나 이에 대해서 개인정보 분쟁조정 위원회가 조정결정을 통해 동의 없이 아동을 회원 가입시킨 사업자에 대해 엄격한 책임을 묻는 한편, 아동 개인정보 수집 요령에 관한 자료를 배포하는 등 다양하고 효과적인 인식제고활동을 적극 펼친 결과 동 민원유형의 발생 비율이 크게 감소한 것으로 판단된다.

(7) 기타 개인정보 침해 사례

개인정보 침해 유형을 명확히 분류할 수 없거나 정보통신 서비스 제공자 외의 자에 의한 개인정보 침해 사례에 대한 피해구제 신청도 총 4,401건 (24.1%)이 접수된 것으로 나타났다. 이들 침해 사례는 정보통신망법의 직접 적용대상이 아닌 금융, 의료, 유통 등오프라인 사업자에 의한 개인정보침해, 공공기관, 비영리기관에 의한 개인정보 침해사례 등이 모두 포함된다.

이들 침해유형에 대한 피해구제신청이 다수 접수되고 있는 것은 우선 금융, 부동산 등 전통적인 오프라인 사업분야나 비영리단체 등에서도 개인정보 침해문제가 지속적으로 발생하고 있고, 아울러 정보통신분야와 직접 연관이 없는 개인정보 침해사례에 대해서도 우선 해당기관에 먼저 문의를 하는 것으로 설명될 수 있다. 이를 도표로 정리하면 다음과 같다.

〈표 2〉 개인정보 침해 "기타" 항목의 유형별 피해구제 신청 현황

(단위: 건, %)

침해 유형		2004년		2005년	
		건수	비율	건수	비율
개인정보 사생활 침해	신용정보 관련	–	–	250	5.7
	비영리, 공공기관 관련	8	0.1	28	0.6
	의료분야 관련(생체정보 포함)	22	0.3	11	0.3
	각급학교 관련	11	0.2	5	0.1
	직장내 프라이버시	1	0.1	21	0.5
	온라인 명예훼손 등	357	4.3	722	16.4
	법령질의	145	1.7	506	11.5
개인정보 이외 사례	스팸	5,467	66.3	–	–
	피해구제기관문의, 일반적 서비스·상품불만	453	5.5	2,486	56.4
내용확인 불가		1,771	22.5	372	8.5
합계		8,235	100	4,401	100

(출처: 강달천, 김민섭, 김현철, 2005: 41).

2. 개인정보 침해 사고의 사례 분석

이와 관련한 사례 분석은 다양한 형태로 제시되는데, 대표적인 사

례 일부에 대하여 검토하면 다음과 같다(강달천, 김민섭, 김현철, 2005: 57-234).

(1) 조정결정 사례

2005년에 개인정보 분쟁조정 위원회에 의하여 조정결정을 받은 사례로는 다음과 같은 것들이 있다.

이용자의 개인정보를 동의 없이 수집한 사례로는 통신사업자 대리점 또는 이동통신사 대리점 직원이 이용자 개인정보를 무단 수집하여 휴대전화 개통에 이용한 건이 대표적인 침해 사례였다.

이용자의 개인정보를 과도하게 수집한 사례로는 신용카드회사가 비회원의 전화상담 신청시 과도한 개인정보를 수집한 건이 대표적인 침해의 유형이었다.

이용자의 개인정보를 동의없이 목적 외로 이용한 사례는 다양한 유형이 존재하였는데, 미팅알선 서비스 사업자가 고지, 명시한 범위를 초과하여 고객의 인사말을 목적외로 이용한 건, 통신사업자가 고객의 개인정보를 목적외로 이용하여 정액요금제에 무단 가입시킨 건, 이동통신사 대리점 직원이 고객의 개인정보를 열람하여 사적인 통화에 무단 이용한 건, 쇼핑센터가 고객의 개인정보를 이용하여 자사 웹사이트에 무단으로 회원가입 시킨 건, 항공사 직원이 고객의 동의 없이 타 항공사의 탑승실적을 무단 조회한 건, 신용카드사가 자사 고객의 웹사이트 회원정보를 동의없이 수정한 건, 통신사업자가 고객의 개인정보를 이용하여 발신번호 표시서비스에 무단 가입시켰다고 주장한 건,통신사업자가 전화상담원 교육생의 개인정보를 무단으로 열람, 조회했다고 주장한 건, 이동통신사 대리점 직원의 고객 개인정보 무단열람 및 경찰 사칭행위에 대한 손해배상 요구 건 등이 나타났다.

이용자의 개인정보를 동의없이 제3자에게 제공한 사례로는 병원이 의무기록상의 개인정보를 동의없이 제3자에게 제공한 건, 온라인 경매 사업자가 고객 개인정보를 동의없이 리서치 기관에 제공한 건, 인터넷 영화예매 사업자가 고객 개인정보를 동의없이 보험사에 제공했다고 주장한 건 등이 있었다.

개인정보 취급자에 의한 개인정보 훼손, 침해, 누설 사례로는 이동통신사 직원이 고객의 통화내역을 동의없이 열람한 건이 대표적인 침해였다.

영업 양도, 양수에 따른 통지의무를 불이행한 사례로는 통신사업자가 인터넷 서비스영업 양수시 이용자에 대한 통지의무를 불이행한 건등이 존재하였다.

사업자가 개인 정보 보호 기술적, 관리적 조치를 미비한 사례로는 성형외과 병원 회원정보가 웹사이트를 통해 노출된 건, 인터넷 블로그 서비스의 비밀일기 게시물이 웹사이트에 노출된 건, 초고속 인터넷사업자 사외영업점이 고객들에게 다른 초고속 인터넷서비스 전환 가입을 권유한 건, 홈쇼핑 사업자 웹사이트에서 회원 개인정보가 열람된 건, 인터넷 경매사이트의 배송조회 서비스에서 회원의 개인정보가 노출된 건 등이 나타났다.

수집, 제공받은 목적을 달성한 후 개인정보를 미파기한 사례로는 초고속 인터넷사업자가 상품상담시 수집한 이용자의 개인정보를 파기하지 않고 전화광고에 이용한 건이 대표적이었다.

개인정보 수집, 이용에 대한 동의철회, 열람, 정정요구 불응 사례로는 온라인 사업자가 주민등록번호 도용피해자에 대한 신분확인을 위해 신분증을 요구하는 업무관행에 대한 시정 요구건이 중요한 것으로 대두되었다.

법정대리인의 동의 없이 아동의 개인정보를 수집한 사례로는 보습학원 운영자가 법정대리인의 동의 없이 아동의 개인정보를 수집한 건 등이 나타났다.

(2) 조정합의 전 고충처리 사례

이는 중재기관에 의한 구체적인 고충처리가 이루어지기 이전에 당사자간 합의가 이루어진 사례이지만, 이러한 형태의 침해 역시 일어나고 있다는 점을 고려할 필요가 있다. 이에는 다양한 형태의 개인정보 침해가 일어나고 있는데, 그 유형은 다음과 같이 분류된다. 온라인 졸업앨범 서비스 업체가 학생들의 동의 없이 졸업앨범의 사진 및 개인정보를 수집, 이용한 건, 이동통신사업자에 대한 불법 복제폰 발생경위 해명 요청 건, 웨딩홀에서 고객의 개인정보를 동의없이 백화점에 제공한 건, 분유제조회사에서 회원 개인정보를 동의없이 산후조리원에 제공한 건, 홈쇼핑 사업자가 상품 상담시 수집한 개인정보를 미파기하고 이를 수집목적 외로 이용한 건, 외국잡지 판매회사가 온라인 상에서 개인정보를 당사자 동의없이 수집하여 텔레마케팅에 이용한 건, 행정고시학원 강사가 수강생의 수업계획서 및 이에 기재된 개인정보를 동의없이 다른 목적으로 이용한 건, 게임 사이트가 자사 약관을 위반한 회원에 이용정지조치를 취하면서 회원탈퇴 및 개인정보 삭제 요구에 불응한 건, 의약정보 사이트가 고객의 사진 삭제요구에 불응한 건, 인터넷 포털사이트가 미인대회 수상자의 사진삭제 요구를 거부하였다고 주장한 건, 휴대전화 AS 센터에서 제품 수리중에 타인의 휴대전화 개인정보를 신청인의 휴대전화에 입력시킨 건, 아파트 인터넷동호회 운영자가 아파트 비상대책회의 대표에게 신청인 개인정보를 동의없이 제공한 건, 이동통신사 대리점에서 번호이동 고객을 유치하는 과정에서 결제수단 정보가 변경된 건, 인터넷 경매사이트가 회원 개인정보를 수사기관에 제공한 건, 인터넷 쇼핑몰이 비회원 물품구매자의 개인정보를 동의없이 보험사에 제공한 건, 포털사이트가 자사 서비스내역 중 게임서비스만의 탈퇴요구에 불응한 건, 통신사업자가 자사의 초고속인터넷 서비스 가입고객의 개인정보를 요금고지서 발송에 무단 이용했다고 주장한 건, 생명보험사가 업무제휴를 통해 제공받은 개인정보를 미파기하고 보험계약서를 이전주소로 발송하여 분실에 이르게 한 건 등이 있다.

(3) 기업 상담 사례

기업에 의한 상담 사례는 다음과 같다. 이는 실제 침해가 일어난 경우도 있고, 업무상 침해가 일어나지 않도록 주의를 기울이기 위하여 해당기관에 유권해석을 의뢰한 내용이기도 하다. 그 구체적 문의사항은 다음과 같다. 인터넷 카페 운영자가 정보통신망법의 규정에 의한 정보통신서비스 제공자에 해당하는지 여부에 대한 질의, 이동통신사업자의 아동 위치정보 파악 서비스가 정보통신망법에 위반되는지 여부에 대한 질의, 국제 리서치회사에서 조사대상 고객의 개인정보를 국외로 이전하는 경우 준수해야 하는 사항에 대한 질의, 경찰의 수사목적상 개인정보 제출요청에 대해 협조해야 하는지에 대한 질의, 인터넷 로그 데이터를 어느 정도의 기간동안 보관해야 하는지에 대한 질의, 기업에서 직원의 전자우편을 동의없이 열람한 후 삭제한 행위의 위법성에 대한 질의, 비회원에게 웹사이트상으로 개인정보를 수집하는 경우에 정보통신망법상 고지사항을 게재해야 하는지에 대한 질의, 학교 홈페이지에 학교를 비방하는 글을 올린 사람의 IP를 추적하는 것이 개인정보 침해인지 여부에 대한 질의 등이 이루어졌다.

(4) 이용자 상담 사례

이것은 구체적인 구제를 의뢰한 것이 아니라 일차적으로 단순한 상담이 이루어진 사례이다. 그 유형으로는 어학교재 판매사가 동의없이 개인정보를 수집하여 텔레마케팅에 이용한 건, 신용정보회사에서 동의없이 개인신용정보를 수집한 건, 결혼정보회사에서 회원가입시 과도한 개인정보를 요구한 건, 인터넷 동호회 운영자가 회원 개인정보를 타인에게 제공한 건, 이동통신 사업자가 고객 개인정보를 이용해 부가서비스에 무단가입시킨 건, 인터넷 검색사이트에서 개인정보가 무차별 검색되는 건, 온라인 포털사이트가 고객의 요청에도 불구하고 회원탈퇴 요구에 불응한 건, 온라인 게임사이트가 강제회원탈퇴 조치 후 개인정보를 그대로 보유한 건, 온라인 쇼핑몰이 회원탈퇴 고객의 개인정보를 미파기하고 광고성 전자우편을 전송한 건, 타인이 주민등록번호를 도용하여 온라인 게임에 회원으로 가입한 건, 미성년자가 인터넷 채팅을 하던 도중 타인에게 비밀번호를 도용당한 건, 온라인게임사이트에서 타인 정보를 도용한 후 ARS 결제요금을 부과시킨 건 등이 있다.

V. 결론

개인정보 보호의 과제는 무엇보다도 사회 구조와 개인의 인식이 함께 보조를 맞출 필요가 있다. 현대의 정보통신문화에서 기술의 기능은 자칫 잘못하면 그것의 형식을 따르는 측면에 있어서 기술 자체의 구조에 의하여 결정되어지는 특성을 지니고 있다. 이때, 이러한 기술적 힘의 대상이 정보통신기술과 관련을 맺게 되면 그 대상은 자연 뿐만 아니라 바로 인간 자신에게로 연결된다는 특성을 지니게 된다.

일견 정보는 무엇보다도 인간 창의력의 수단이며 목표로 설정될 만한 가치를 충분히 지니고 있다. 그로 인하여 정보는 형이상학적 지위를 부여받기도 한다. 그러나 우리의 삶은 보다 많은 정보에 접근하는 것을 통해서가 아니라 그것을 왜 추구하는지에 관한 고려가 이루어져야만 진정한 의미를 가지게 된다는 점을 반드시 고려해야 할 필요가 있다.

정보 사회에서 도덕적 구심점을 형성하고자 하는 노력은 무엇보다도 정보 사회 속에서 개인의 존엄성을 다시 한번 확인하고자 하는 노력에 의하여 가능한 것이며, 그것은 구체적으로 개인정보의 존중과 보호를 통하여 가능한 것이라 할 수 있다. 인간의 존재를 구성하는 하나의 요소로서 개인정보의 중요성은 현존재로의 인간의 실존적 의미를 사이버 공간으로 확장할 수 있도록 하는 것이며, 또한 이에 대한 보호는 인간 존엄성에 대한 재확인으로 연결될 수 있을 것이다.

참고문헌

강달천, 김민섭, 김현철 (2005),『2005년 개인정보 피해구제 및 상담 사례 분석: 개인정보피해구제연구 05-01』, 서울: 한국정보보호진흥원.

권영성 (1993),『헌법학』, 서울: 박영사.

김연수 (2001),『개인 정보 보호』, 서울: 사이버출판사.

김현수 (2002. 8.),『한국 청소년 정보윤리교육 과제 연구』, 서울: 서울대학교 대학원 국민윤리교육과 박사학위 청구논문.

박찬구 (2005), "정보 사회의 윤리적 문제와 과제", 정보통신윤리위원회 (편저),『정보 사회윤리학』, 서울: 이한출판사.

신용호 (2000), "인터넷상에서 개인 정보 보호와 국제인권규범", 전주대학교 비교법학연구소 (편),『비교법학』, 전주: 전주대학교.

와이즈버디닷컴 (wisebuddyd.com) 기술지원팀 (2006),『2006 워크샵 자료집』, 미간행 자료.

유희일·임명복 (2002), "정보화사회에 있어서 개인정보침해에 대한 법적 구제", 대전대학교 사회과학연구소,『사회과학논문집』, Vol. 21. No. 1.

장영민 (1996. 7.), "정보통신망 발전에 따른 개인 정보 보호", 한국형사정책연구원,『형사정책연구』, 제7권 제2호 - 통권 제26호 1996 여름호.

전석호 (2001),『정보 사회론』, 서울: 도서출판 나남.

Johnson, D. G. (2001), "Computers", in *Encyclopedia of Ethics, 2nd ed., Vol. 1*, New York: Routledge.

Spinello, R., 이태건·노병철 (역) (2001), 『사이버 윤리』, 서울: 인간사랑.

Webster, F., 조동기 역 (1997), 『정보 사회이론』, 서울: 나남출판.

4장 사이버 공간에서 친사회적 행동이 갖는 도덕교육적 함의

I. 서론

우리의 삶은 공간과 함께 하고 있다. 전통적 의미에서 공간은 직접적인 경험에 의하여 알 수 있는 상식적인 개념으로 상하, 전후, 좌우 3방향으로 펴져 있는 빈 곳을 의미하는 것이었다. 그러므로 이러한 공간은 내 앞에 있는 대상으로서 분할할 수도 측정할 수도 있는 곳이었다. 공간에 관한 이해는 심리학의 측면에서는 공간지각에 입각한 공간표상으로, 철학의 측면에서는 공간표상에서 출발한 경험적 공간으로, 기하학의 입장에서는 역사의 흐름과 더불어 유클리드적인 공간에서 비유클리드적 공간으로 개념이 확대되었다.

공간 개념의 확대는 정보통신기술의 발달과 더불어 전혀 새로운 공간의 개념으로 연결되었다. 우리가 실제로 만질 수 있는 물리적 공간과는 전혀 다른 논리적이고 가상적인 성질의 공간이며 Bit를 기반으로 하는 만질 수 없는 공간, 이렇게 새롭게 등장한 공간은 컴퓨터 혹은 컴퓨터 네트워크라는 의미로 널리 사용되는 cyber라는 접두어와 함께 사용되어 사이버 공간 (cyber space)이라고 일컬어지게 되었다.

정보통신 기술의 발달로 인한 사이버 공간의 확장은 사회 변동의 과정에서 정보의 기능 및 관리의 발전과 영향을 맺게 된다. 사회라는 하나의 유기체가 갈수록 전문화되어 가면서 사회구성 단위들의 개별적인 발전과 함께 각 단위의 전체적인 통합을 유지해 나가기 위해서는 정보의 통제(control)가 필요하다. 산업혁명 이후 지배해 온 물질적 생산수단은 필연적으로 효율성을 극대화시키기 위한 사회적 분업화 현상을 야기하였는데, 이를 극복하고 사회통합을 이룩하기 위한 노력은 19세기 후반 이후에 등장한 모든 커뮤니케이션 기술의 개발로 이루어졌다(전석호, 2000: 147-148).

21세기 현재 그러한 노력은 사이버 공간이라는 모습으로 수렴되고 있으며, 사이버 공간이라는 말은 곧 우리 시대를 일컫는 말이 되었다. 끊임없이 변화를 거듭하는 사이버 공간은 우리 청소년들이 터잡고 살아가는 중요한 영역이 되었다. 청소년들은 사이버 공간을 의사소통의 매체로 이용하며 그 속에서 서로 일정한 위상을 지니는 다른 사람들과 영향을 주고받으며 자신의 자아를 형성해 가고 있다. 이렇게 정보사회를 살아가고 있는 오늘날의 청소년들은 정보화의 순기능과 관련하여 정보 사회에 성공적으로 적응할 수 있는 자질을 준비하는 한편, 이와 더불어 정보화의 역기능을 극복할 수 있는 능력을 갖출 것이 요청되고 있다.

사이버 공간을 사람들이 사회 통합을 위하여 서로 영향을 주고받는 일종의 사회적 공간이라고 바라본다면, 사이버 공간은 타인들이 매개되어 청소년들의 행동이 학습되는 사회적 상황으로 이해될 수 있다. 이때 청소년들은 사이버 공간 속에서 긍정적이고 친사회적인 행위의 학습을 통하여 도덕성을 함양할 수 있을 것이다.

이러한 측면에서 사이버 공간에서 친사회적 행동의 도덕교육적 함의를 찾고자 하는 것이 이 글의 목적이며, 그것을 위하여 다음과 같은 관점에서 접근하고자 한다: 먼저, 사이버 공간의 정치, 경제, 사회, 문화적인 다양한 성격들 중, 특히 사회적 존재인 인간의 상호작용을 매개하는 공간이라는 측면에 초점을 맞추어 사이버 공간의 특징을 살펴보고자 한다. 다음으로, 사이버 공간과 그 속에서 일어나는 상호작용이 사회학습이론에서 말하는 행동이 학습되는 상황으로서의 사회적 상황과 일정한 관련성을 가진다는 점과 관련하여 사회학습이론의 내용에 관하여 구체적으로 살펴보고자 한다. 끝으로, 사이버 공간에서 청소년들의 도덕적 이탈을 저지하고 친사회적 행동을 촉진하기 위한 도덕교육의 방안을 논하고자 한다.

II. 사이버 공간의 사회적 특징

1. 문화 형성 매개체로서의 사이버 공간

현대사회를 이해하는 여러 가지 시각들 중 정보통신기술의 발전이라는 측면에서 바라보는 관점은 그것을 커뮤니케이션 혁명으로부터 파급된 정보사회로 이해하고 있다. 정보사회란 급속한 정보기술 혁신의 진척과 함께 정치, 경제, 문화 등 사회구조 전반에 걸쳐 정보와 지식의 가치가 높아지는 사회현상을 지칭한다. 이때, 정보사회는 궁극적으로 정보의 사회적 가치가 높아질 때, 즉 정보의 사회화가 현실화될 때 참 의미를 갖게 된다. 다시 말하면, 정보화 과정에서 필요한 개개인의 인지, 태도, 가치관 및 행동의 변화와 새로운 정보환경의 변화가 얼마만큼 서로 상호 조화를 이루느냐에 따라 이상적인 정보사회의 실현이 앞당겨질 수도 있고 늦춰질 수도 있다. 이는 정보의 사회화 과정에서 기대와 실천이 항상 병행되지 못하고 이에 따른 득과 실의 결과 역시 불가피하게 공존하기 때문이다(전석호, 2000: 39-42). 이러한 점은 현대사회의 특징과 매체로서의 사이버 공간이 밀접하게 관련되어 있음을 나타낸다.

1980년대에 캐나다의 공상 과학 소설가 윌리엄 깁슨(William Gibson)이 만든 말이 사이버 공간은 컴퓨터의 네트워크화로 컴퓨터 내에 번져 나가는 정보 세계를 말하는 용어이다. 이는 정보화 사회를 상징하는 개념으로서, 물질적인 실체와 떨어진 가상공간을 말한다. 그런데 사이버 공간은 컴퓨터를 이용한 네트워크에서 인간과 인간 사이에 상호작용을 하는 공간으로서, 채팅, 게임, 게시판 등 네트워크를 이용한 모든 커뮤니케이션 상호작용을 매개하는 매체(media)로서의 특성을 지니고 있다.

이러한 뉴 미디어로서 사이버 공간의 역할은 현실 세계 속에서 다양한 형태로 나타나고 있다. 문화적 측면에서 요즘 방영되고 있는 인기 드라마의 마지막 편 내용이 네티즌들의 여론에 의해 좌우되는 모습을 보이기도 하며, 활발한 정보 공유로 인한 mp3 음악과 영화 동영상 파일의 다운로드 문제는 예술가들의 창의성과 예술 의지의 측면까지 연결되어 논의되고 있다. 정치적 측면에서는 젊은층의 사이버 이용 시간이 많다는 점으로부터 기인된 2000년 총선시민연대의 낙선운동을 비롯하여 대통령 후보지지 연설 광고 등이 인기 사이트의 배너로 등장하기도 하였으며 사이버 대통령이라는 달까지 등장하게 되었다. 경제적 측면에서는 직접 매장에 나가서 물건을 보지 않고서도 상품의 구입이 가능한 전자쇼핑의 양적, 질적 성장이 일어나면서 온라인상의 경제 활동이 활발해지며 그 규모가 비약적으로 증가하는 추세를 보이고 있다.

과학기술의 진보 측면에서 산업사회가 사회문화적 측면에서 대중사회로 연결된다는 점을 고려해 볼 때, 이와 같은 다양한 양상들은 사이버 공간의 기제에 관한 새로운 관점을 제공해 준다. 대중사회에서의 인간의 삶의 방식을 대중문화라고 볼 때, 대중사회의 특징적인 삶의 방식은 대규모 의사소통 매체, 즉 대중매체를 통해서 의사소통이 이루어진다는 것이다. 이러한 의사소통의 매체는 18~19세기에는 책, 잡지, 신문, 광고 등이었다. 그러나 20세기 초반에는 잡지, 신문, 광고의 양상이 달라지는 모습이 나타날 뿐만 아니라, 여기에 덧붙여 레코드, 라디오, 영화가 본격적으로 등장하게 된다. 그리고 20세기 후반의 컴퓨터 혁명을 거쳐 21세기 초인 현재는 인터넷이라고 일컫는 사이버 공간이 새롭게 등장하며, 의사소통과 정보전달이 이루어지는 공간 그 자체가 정보의 전달을 매개하는 하나의 매체로서 독보적인 위치를 차지하게 되었다.

그런데, 사이버 공간은 이전의 매체와는 다른 특징적인 모습을 지니고 있다. 전통적인 산업사회에서 매체의 기능은 어떠한 문화적 산물을 일방향적으로 전달하는 기능을 하며 일방적인 설득의 커뮤니케이션을 수행하는 역할을 하였다. 이는 정보의 유통에 관하여 사회적 통제성(social control)의 개념으로 접근이 이루어졌음을 의미한다. 그러나 사이버 공간은 그것이 지닌 다수대 다수의 통신방식으로 인하여 누구나 자유롭게 정보를 생산, 유통, 소비할 수 있다는 특징을 지니며, 이것은 또한 정보에 대한 적극적 수용과 탐색의 필요성을 제기하는 것이기도 하다. 따라서 사이버 공간을 이용한 커뮤니케이션에서는 사람들의 주관적 선택(subjective selectivity)의 원리가 이전의 매체와는 다른 특징이라고 제시될 수 있다(박효종, 2005: 188).

이러한 주관적 선택이 가능한 의사소통의 공간에서는 정보의 생산과 유통 및 소비에 관한 당사자들 간의 직접적 접촉, 즉 통일성(integration)이 증가한다고 설명될 수 있다. 이에 따라 사이버 공간에서 활동하는 행위자들은 자신이 소비하는 정보, 더욱 넓게는 자신이 소비하는 문화에서 일상 환경을 정확히 파악하고 대처할 수 있게 되는 일정한 형태의 정향성(orientation)을 지니게 된다(김성동, 2003: 155). 이러한 정향성의 형성을 사이버 공간에서의 의사소통 기제라는 측면에서 파악한다면 그 내부의 행위자들은 적극적이고 양방향적인 의사소통을 통하여 문화를 형성하게 된다고 설명할 수 있다.

2. 사이버 공간과 물리적 공간의 접점 탐색

물리적 공간은 거리적 제약과 동시성의 제약 등으로 대표되는 다양한 제약성을 지니고 있다. 전자 공간상에서 1볼트의 에너지로 구할 수 있는 정보를 물리공간상에서는 수십만 볼트의 에너지를 써야 얻을 수 있는 경우도 있다. 또한 물리적 공간에서 대화를 하고 협상을 하기 위해서는 같은 시간에 같은 장소에 있어야 한다. 그리고 상품의 무게와 부피로 인해 물리적 공간에서는 저장과 유통에 많은 비용이 발생한다. 그래서 물리공간은 비용이 커지며, 태생적으로 비효율성을 안고 있다.

사이버 공간은 이러한 제약성을 극복하는 데 도움을 줄 수 있다. 그러나 사이버 공간은 근본적으로 허구의 세계라는 데에 문제가 있다. 그래서 전자적 정보로 구성된 사이버 공간은 다양한 형태의 불안정한 취약점을 가지게 된다. 그것은 실체가 없는 허구이기 때문에 모방하기가 쉽다. 지적 재산권이라는 제도적인 장치를 동원하더라도 여전히 사이버 공간의 아이디어는 쉽게 모방되며 그로 인하여 무의미한 정보들이 대량생산되어 '정보 스모그'를 유발하기도 한다. 사이버 공간에서의 소비자들은 쉽게 변한다. 단골 사이버 쇼핑몰이 싫증이 나면 곧바로 바꾸면 되기 때문이다. 따라서 사이버 공간 상에서의 성공은 반짝 성공인 경우가 많다. 그래서 '거품 공간(Bubble Space)'이라는 폄하를 받기도 한다. 그 폐해와 불안정성, 그리고 주변에 대한 파급효과는 무척 크다(URL 1).

사이버 공간이 허구적인 특성을 가지며 물리적 공간의 다양한 제약성을 보완해줄 수 있다는 점은 사이버 공간이 매체로 작용하며 물리적 공간과 상호작용하는 양식을 규정하는 근거로 작용되었다. 현재 사이버 공간의 주소는 32비트의 주소 길이로 약 43억 개의 주소를 표시할 수 있는 IPv4(internet protocol version4)가 이용되고 있다. IPv4는 이제까지 인터넷을 통해서 물리적 공간을 전자공간에 넣으려는 노력이 시도되었음을 상징하는 것이다. 다시 마랗면 물리공간의 제약성을 극복하기 위해서 사이버 공간에 그것을 이식하고자 하는 것이다. 물건을 사기 위해서 가게에 가야한다는 제약성은 인터넷 쇼핑몰을 통하여 해결하고, 박물관에 가서 자료를 구해야 한다는 제약성은 인터넷 박물관 홈페이지를 만들어서 직접 박물관에 가지 않고도 자료를 얻을 수 있도록 하며, 더 나아가서는 회사를 가지 않아도 업무를 할 수 가 있게 된 것이다. 인터넷 강국인 한국에서는 이러한 노력이 1999년의 'cyber Korea21'로, 그리고 2001년의 'e-Korea' 정책으로 나타나게 되었으며 2006년 현재 'u-IT 839 전략' 으로 제시되고 있다(URL 2).

사이버 공간과 물리적 공간의 접합점을 찾고자 하는 노력은 이제 유비쿼터스(ubiquitous)기로 발전하게 되었다. 2002년 4월경 전자신문을 통해 우리나라에 최초로 소개된 유비쿼터스라는 용어는 1998년 이 용어를 처음으로 사용한 미국 제록스 팰로앨토연구소의 마크 와이저(Mark Weiser) 소장의 논문에 의해 최초로 발표되었다. IBM에서는 비슷한 개념으로 퍼베이시브 컴퓨팅(pervasive computing)을 만들어 가고 있다.

우리 정부가 21세기 산업비전과 관련하여 조기 산업화를 추진하고 있는 6T라는 신기술, 즉 모든 정보기술(IT), 생명공학기술(BT), 극미세기술(NT), 우주항공기술(ST), 환경기술(ET), 문화산업(CT)의 궁극적인 지향점으로 간주되고 있는 유비쿼터스는 언제 어디서나 존재한다는 라틴어에서 유래한 말로서 '동시에 도처에 존재하는, 편재하는(omnipresent)'이라는 사전적 의미를 지니고 있는 유비쿼터스 컴퓨팅의 줄인 말이다. 즉, 언제 어디서나 어떤 것을 이용해서라도 온라인 네트워크 상에 있으면서 서비스를 받는 환경/공간을 의미하는 것이며, 컴퓨터가 도처에 편재하여 센싱과 트래킹을 통해 맥락을 의식하는 (context-aware) 서비스 제공이 가능한 환경이라고 정의할 수 있다. 이때, 모든 곳에 존재하는 네트워크라는 것은 지금처럼 책상위 PC의 네트워크화뿐만 아니라 휴대전화, TV, 게임기, 휴대용 단말기, 카 네비게이터, 센서 등 PC가 아닌 모든 비 PC 기기가 네트워크화되어 언제, 어디서나, 누구나 대용량의 통신망을 사용할 수 있고, 저요금으로 커뮤니케이션할 수 있는 것을 가리킨다(URL 3).

지난 50년간 컴퓨팅의 역사를 보면 크게 3가지의 뚜렷한 패러다임이 보이며 발전의 단계가 나타났는데, 그것은 메인프레임, PC, 유비쿼터스로 요약할 수 있다. 이것을 인간과 컴퓨팅의 관계로 볼 때 메인프레임 기에는 1개의 컴퓨터에 많은 단말이 붙어 있었고, PC 기에는 1개의 컴퓨터와 1인, 그리고 유비쿼터스 기에는 1인 주변에 수많은 컴퓨터들이 존재하는 모습으로 발전한다.

인터넷이 등장하면서 온라인, 즉 버추얼 공간 개념이 등장했고 실재를 온라인 공간에 옮기는 것이 지금까지의 인터넷 발달과정인 것에 비해 유비쿼터스는 반대로 우리가 보는 모든 사물에 칩이 깃들게 된다. 책, 침대, 의자, 보일러, 차량, 냉장고, 전등, 모든 사물이 디자인을 가지듯이 유비쿼터스는 모든 사물에 칩을 가지게 된다. 그 칩은 RFID라고 하며 1㎤이하의 크기로 만들어지는 저전력 칩이다. 칩이 깃들게 되는 사물은 모두 컴퓨터가 되며 우리는 컴퓨터 속에서 살게 된다.

유비쿼터스는 특정 기능이 내재된 컴퓨터가 환경과 사물에 심어짐으로써 (embedded computing) 환경이나 사물 그 자체가 지능화되는 것에서부터 시작한다. 사물의 일부로서 사물 속에 심어진 컴퓨터들은 주변 공간의 형상(context)을 인식할 수 있고 공간 속에서 그 자체 또는 주변 환경과 사물들의 변화를 어느 정도 떨어진 거리에서까지 지각, 감시, 추적할 수도 있는 환경이 가능해진다. 산업시대의 첨단기술인 모터가 현재 눈에 보이지 않게 곳곳에 숨어 있는 것처럼, 실세계의 각종 사물들과 물리적 환경 전반 즉, 물리공간에 걸쳐 컴퓨터들이 편재되게 하되 사용자에게는 겉모습이 드러나지 않도록 환경 내에 효과적으로 심어지고 통합되는 새로운 정보통신 환경의 구축이 예상된다.

유비쿼터스는 정보 통신 관점에서 모든 사회분야에 대한 새로운 패러다임을 창조하는 것이다. 모든 것은 유비쿼터스적인 관점에서 새롭게 해석될 수 있다. 그 분야는 특정 분야가 아니며 기존의 사회에 구성되어 있는 모든 분야를 포함한다. 그것은 컴퓨터가 있을 때와 모든 분야에서 컴퓨터가 적용될 때를 구분하여 생각하면 비슷할 것이다. 일본 도쿄대의 나카무라 켄 교수는 '선진국의 경우 저성장 사회로의 이행이 가속화되고 있는데 유비쿼터스 컴퓨팅은 지속적 성장이 가능한 순환형 시스템의 정착을 가능하게 해줄 것'이라고 설명하고 있다. 그는 유비쿼터스 환경하에서는 정보습득과 활용이 최적화 되어 1회성 또는 소모성 자원의 효율적인 사용이 가능해 질 것이며, 유비쿼터스 컴퓨팅이 대량 생산의 획일적인 '하드와이어드(hard-wired)' 사회를 개개인의 다양성에 적절하게 대응할 수 있는 '프로그래머블(programmable)' 사회로 탈바꿈시켜줄 것으로 전망하였다(URL 4).

3. 사이버 공간 속에서 교육이 갖는 함의

사이버 공간의 운영과 관련된 설명을 제시하는 다양한 원리들은 사이버 공간의 사회적 상황에 적용하여 해석될 필요가 있다. 특히 제도로서의 교육이 사회의 유지와 발전을 위해 일정한 기능을 수행하여야 한다는 점을 가정할 때, 교육 역시 사회의 변화를 이끄는 과정에 개입할 수 있기 때문에 마찬가지로 접근될 수 있다. 이때, 정보사회의 구조적 변화에 대한 이해는 변화를 입체적으로 조망하게 함으로써 교육의 사회윤리적 역할을 진단하고 계획할 수 있도록 한다(차동춘, 2005: 560).

사이버 공간의 사회적 상황과 맥락의 중요성은 사이버 공간의 운영 메커니즘을 설명하는 기술적 법칙을 통해서도 뒷받침되고 있다. 예를 들어, 멧칼프의 법칙(Metcalfe's Law)은 통신망 사용자에 대한 효용성을 나타내는 망의 가치는 대체로 사용자 수의 제곱에 비례한다는 원리를 설명하는 것으로서, 어떤 정보통신망을 10명이 사용할 때의 가치가 100이라면, 20명이 사용할 때의 가치는 400으로 기하급수적으로 늘어난다는 것을 의미한다. 또한, 길더의 법칙(Gilder's Law)은 광섬유의 대역폭은 12개월마다 3배씩 증가한다는 것을 설명하는 것으로서, 어떤 정보통신망에서 60분에 책 1권 분량의 정보가 유통되는 속도가 유지된다면, 12개월 후에는 30분에 책 1권 분량 (즉, 60분에 책 2권 분량) 의 정보가 유통되는 정도로 정보의 흐름에 관한 속도의 증가가 이루어진다는 것을 의미한다. 이러한 법칙들은 궁극적으로 정보통신 기술의 발달이 인간의 삶의 양식 까지도 변화하게 만들 것이라는 전망을 제시하는 것이다.

개개인의 정보통신망 활용 가능성의 확대라는 측면에서 유비쿼터스로 인하여 새롭게 창조되는 사회적 패러다임은 특히 교육의 영역에서 중요한 의미를 가지게 된다고 할 수 있다. 전통적인 산업사회의 구성원을 키우기 위하여 실시되었던 집단적 형태의 교육의 패러다임이 개인별 맞춤식 교육으로 전환되고 있기 때문이다. 현재 이루어지고 있는 사이버 공간을 활용한 교육은 다분히 컨텐츠(contents) 지향적인 형태로 이루어지고 있다. 이것은 정보 제공자가 정보를 일방적으로 제공하여 정보 수용자가 자신에 맞는 것을 스스로 취사선택하는 것을 의미한다. 그러나 사이버 공간을 단순히 활용하는 것이 학습자의 지식 습득 능력을 즉자적으로 향상시키는 것은 아니다. 사이버 공간은 현실 공간의 도서관과 마찬가지로 지식 자료를 저장하고 고유할 수 있는 공간이다. 그러나 좋은 도서관이 있다고 해서 모든 학생들의 학습 능력이 향상되는 것은 아니듯이, 사이버 공간 자체가 학습자의 능력을 향상시켜 주지는 않는다.

학습자의 능력 향상은 학습 활동에 적극적으로 참여하는 학습자의 구체적인 동기와 함께 실제 생활과 관련된 의미있는 학습 활동이 일어날 때 가능해진다. 따라서 사이버 공간에서의 교육은 맥락(context) 지향적인 교육으로 이루어져야 한다. 컨텍스트를 지향하는 교육은 정보를 수용하는 개개인의 성향을 분석하고 그 사람에게 필요하고 의미를 부여할 수 있는 것을 전달하는 교육을 뜻한다. 이때, 유비쿼터스는 이러한 맥락지향적 교육을 가능하게 하는 정보통신기술의 사회간접자본으로 이해될 수 있다. 이를 통해 사이버 공간과 현실세계가 삼투하여 상호보완하고 공진화하는 영역이 더욱 넓어지기 때문이다.

유비쿼터스 시대에 이루어지는 교육에서는 직접적 형태로 내용을 제시하는 것뿐만 아니라, 간접적 형태로 이루어지는 여러 가지 사회화 과정을 포함하는 모든 학습 또한 더욱 중요하게 취급될 것으로 예상된다. 모든 사람이 거의 항상 접속중(online)인 상태로 지내게 된다면, 개인이 접하게 되는 정보의 양과 정보 흐름의 속도는 점점 증가할 것이기 때문이다. 이것은 곧 인간의 행위에 영향을 주는 사회적 상황과 맥락의 중요성이 커진다는 것과 연관을 맺게 된다.

이러한 사이버 공간의 기술적 및 사회적 특징들과 관련지어 볼 때, 사회학습이론이 주장하는 특징들, 즉 도덕적 행위를 포함한 모든 행위들은 수많은 독립적인 과정의 결과로서 학습되는 것이며, 개인들은 학습에 있어서 상당히 변화무쌍하고 유연하기 때문에 연령과 관계된 단계의 계열성이 존재하지 않으며, 도덕 발달은 도덕적 규칙에 순응하려는 행동적 또는 정서적 능력의 성숙을 의미하며, 도덕성의 동기는 보상이나 처벌을 수용하는 생물학적 욕구에 근거하며, 도덕은 문화적으로 상대적인 것이며, 기본적인 도덕규범은 외적 규칙의 내면화이며, 환경은 아동과 성인에게 사회 속에서 행위하는 방법을 가르치는 데 필수적인 경험과 보상을 제공해 준다는 것 등은 유비쿼터스 시기의 특징과 관련하여 도덕교육에 시사하는 바가 크다. 따라서 다음으로 사회학습이론에서 중요하게 취급되고 있는 도덕성의 형성을 위한 친사회적 행동의 영역에 관하여 좀 더 자세히 살펴보고자 한다.

III. 친사회적 행동과 인지 및 정의의 역할

1. 친사회적 행동과 이타주의의 관계

친사회적 행동(prosocial behavior)은 다른 사람에게 이익을 주고자 하는 행동이라고 정의될 수 있다는 점에서, 일반적으로 이타주의(altruism)와 상호교환적으로 사용되는 경우가 많다. 그러나, 그에 관한 구체적 설명에 있어서는 학자들에 따라 약간의 입장차이가 존재한다. 친사회적 행동 또는 이타주의는 아동기부터 매우 일찍 발생하는데 그 개념적 및 이론적 구성요소를 바라보는 입장이 학자들에 따라 조금씩 다르며, 친사회적 또는 이타적 행위의 핵심과 본질에 대해서도 학자들에 따라 다소간의 견해차이가 존재하기 때문이다. 이러한 견해차이는 다음과 같이 나타나고 있다:

바탈(Bar-Tal)과 라비브(Raviv)에 의하면, 이타주의는 가장 높은 수준의 자질로서 도움을 주는 행위의 한 형태이며, 자발적이고 의도적인 행위로서, 외적인 보상에 대한 기대 없이 정의에 대한 도덕적 신념의 결과로, 타인에게 이익을 주기 위한 그 자체의 목적을 가지고 수행되는 행위이다. 겔판드(Gelfand)와 하르트만(Hartman)은 외적 강화의 가능성을 배제한 이타주의 관념의 정의가 갖는 유용성에 대하여 다소 회의적인 입장을 취하며, 그것이 갖는 주목할 만한 특징을 개념적 정의에서 분리시킬 것을 주장하였다. 살디니(Cialdini), 켄릭(Kenrick), 바우만(Baumann)은 이타주의를 외적 보상 이외의 다른 이유로 타인에게 이익을 가져다주는 행위를 일컫는 것이라 설명하고 있다. 호프만(Hoffman)은 이타주의에 관하여 자기 자신의 이익과 의도적 관련성을 맺지 않으며 타인의 복지를 조장하기 위하여 일반적으로 돕거나 나누는 행위라고 설명하고 있다. 크렙스(Krebs)는 타인의 이익을 위하여 자신의 복지를 기꺼이 양보하는 것이라고 설명하고 있다. 언더우드(Underwood)와 무어(Moore)는 이타주의적 행위는 자기 자신보다는 오히려 다른 사람의 이익을 추구하고자 하는 명확한 의도를 가지고 행해지는 행위를 일컫는다고 주장하고 있다. 잔-왁슬러(Zahn-Waxler)와 라드케-야로우(Radke-Yarrow)는 이타주의에 관하여 타인의 이익에 관한 관심이나 헌신이라고 정의하고 있다(Eisenberg, 1982: 3-19).

이타주의에 관하여 존재하는 이러한 다양한 관점의 차이는 다음과 같이 정리될 수 있다: 어떤 학자들에게 있어서 이타주의에서 외적인 보상에 의해 동기화되는 행위는 명백하게 배제되는가 하면, 다른 사람에 있어서는 그렇지 않은 경우도 있다. 이타주의에 관한 대부분의 정의는 의도성(意圖性)이 내포되어야 함을 암시하지만, 그렇다고 해서 이타주의가 항상 다른 사람에게 이익을 주고자 하는 동기를 내재하여야 한다는 것도 아니다. 일부 학자들은 타인의 복지가 최우선적인 과제로 다루어져야 한다고 주장하지만, 다른 일부의 학자들은 외적인 보상의 배제라는 다소 넓은 수준의 범위로 한계를 넓혀서 논의를 전개하고 있으며, 또 다른 일부 학자들은 다른 사람에 대한 관심이라는 수준을 첨가하고 있기도 하다.

다양한 동기에 의해서 발생하는 이러한 적극적(positive) 행위를 정의하는 것이 다소 어렵기는 하지만, 그것은 다양한 형태의 적극적 행위를 설명하는 데 있어서 행위의 의도성과 행위의 동기라는 두 가지 측면에서 개념적인 유용성을 지닌다. 행위의 의도성은 어떠한 행위가 우연히 일어날 것인지 의도적으로 일어난 것인지를 판별하는 준거가 되며, 행위의 동기는 어떠한 행위가 외적 강화를 달성하기 위한 것인지 내적 이유를 충족시키기 위하여 일어난 것인지를 판별하는 준거가 된다. 결국 이것은 의도적으로 이루어진 긍정적 행위들이 항상 이타적인 행위로 분류될 수는 없지만, 우연히 다른 사람을 이롭게 하는 결과를 가져온 행위와는 구별되어야 한다는 것을 의미한다(Eisenberg, 1982: 27-32).

이러한 점에서 친사회적 행동과 이타주의는 서로 구별될 수 있다. 더욱 엄밀히 말하자면, 친사회적 행동은 도움을 주거나 나누는 의도적이고 자발적인 긍정적 행위로서, 그 동기가 특정되지 않거나, 명시적으로 알려지지 않거나, 이타주의적이지 않은 것들까지 모두를 포함하는 것을 의미한다. 즉, 동일한 적극적 행동이라 할지라도 질적 차이가 존재하는데, 이타주의적 행동은 타인지향적 이유에 의하여 수행되는 것이지만, 친사회적 행동은 이 뿐만 아니라 다소 자기지향적인 이유에서 수행되는 행동까지도 포함하는 것이다. 이상과 같이 광범위한 차원에서 친사회적 행동을 이해한 이유는 사이버 공간에서 구성원들이 보이는 행동 특징 중 친사회적인 것들을 도출하고 장려하는 데 도움이 되기 때문이다.

2. 친사회적 행동에서 인지(認知)의 기능: 역할채택

도덕적 행동의 이유가 고려의 대상이 된다는 점에서, 인지적 능력과 절차는 친사회적 행위의 발달에 있어서 중요한 위치를 차지하고 있다. 또한, 아동들의 연령이 증가함에 따라 친사회적 행동이 체계적인 질적 변화를 일으킨다는 친사회적 추론의 연구결과는 아동들의 인지능력의 급격한 변화가 친사회적 행동의 발달에 영향을 미친다는 것을 나타내고 있다.

유년기로부터 청소년기에 이르기까지 인지적 성장은 친사회적 행동의 발달에 영향을 끼친다. 심지어 2~3세에 해당하는 유아들조차 친사회적 반응에 있어서 인지발달과 관련을 맺고 있는 듯한 극적인 변화를 나타내 보이고 있다. 예를 들어, 2세 가량의 유아는 고통 받고 있는 희생자에게 적극적으로 상호작용하려 하며, 자신의 장난감을 공유하기도 하고 양보하기도 하는 등의 모습을 보인다. 이러한 행동의 변화는 아동이 자신과 타인 사이의 차이를 더욱 크게 이해하게 되어

가면서, 또한 행동적 영역의 원인과 결과를 이해하게 되어가면서, 그리고 감정적인 신호의 의미를 이해하게 되어가면서 발생하는 것으로 보여 진다.

취학연령기의 아동에게서 발견되는 친사회적 행동의 질적 변화 또한 인지 발달과 밀접하게 연관되어 있다. 저학년 아동들은 고학년 아동들에 비하여 구체적이고 물질적인 보상을 목적으로 하여 서로 돕는 경향이 있는 반면, 사춘기의 청소년들은 옳고 그름에 관한 개념과 도덕원칙에 의거한 신념을 고수하는 등 더욱 내면화되고 구체적인 이유에 의하여 서로 도움을 주고자 한다. 친사회적 행동과 관련하여 좀더 나이든 아동의 특징으로 나타나는 추상적인 사고는 나이어린 아동들의 근저에 있는 구체적인 사고에 비하여 발달론적 측면에서 더욱 진보한 것으로 간주된다(Eisenberg, 1982: 11-12).

친사회적 행동의 발달과 관련하여 많은 연구자들은 역할채택능력의 중요성에 관해서도 종종 논의하였다. 성숙한 역할 채택은 추론을 필요로 한다. 이 추론은 전형적으로 다른 사람의 경험 속에 감춰진 심리적인 측면에 초점을 맞추며, 가장 넓은 사회적 관점에 도달할 때까지 다양한 요인들을 통합하고 조절한다.

이와 관련된 논의들은, 상상적으로 타인의 관점과 역할을 채택할 수 있는 아동은, 그리고 그럼으로써 타인의 내적 감정 상태와 인지 과정을 일정정도 이해할 수 있는 아동은, 타인의 필요를 더욱 잘 이해하고 반응하는 경향이 있다는 것으로 요약될 수 있다. 이로 인하여, 아동들이 이타주의적으로 행동하기 이전에 타인의 내적 과정을 어느 정도 이해하여야 함에도 불구하고, 친사회적 행동에 있어서 역할채택

능력의 발달이 갖는 구심성에 관하여 의문을 제기하는 입장이 존재하기도 한다. 그러나, 어떤 기초적인 역할채택 능력, 즉 자신과 타인을 차별화하는 능력, 자신의 욕구와 타인의 욕구를 차별화시키는 능력 등은 친사회적 행동의 핵심이 된다.

이처럼 복잡한 역할채택능력은 때로 나이든 아동의 친사회적 행동에 내재되어 있는 듯이 보이는데, 역할채택능력 만이 모든 유형의 친사회적 행위에 있어서 충분하거나 필요한 것이라고 할 수는 없다. 개인이 타인의 관점을 이해한다는 것은 곧 그 개인이 반드시 타인의 필요와 양립하는 방법으로 행동할 것이라는 것을 보장할 수 없기 때문이다. 개인은 그 상황에 관한 타인의 이해와 양립할 수 있는 방법으로 동기화 되어야 한다. 때로 이러한 동기화의 핵심은 정서적 부분이다. 그러므로, 친사회적 행동의 발달에 있어서 인지적 동기뿐만 아니라 정의적(情義的) 동기 역시 중요한 고려의 대상이 되어야 한다 (Lapsley, 2000: 271-316).

3. 친사회적 행동에서 정의(情宜)의 기능: 공감

정의적 동기는 다음 세 가지 수준에서 친사회적 행동의 수행에 영향을 끼친다: 첫째, 정의는 개인적 절차(process)에 해당하는 것과 사건이 진행되는 방법에 영향을 끼친다. 주어진 개인에게 감정적으로 매우 중요한 사건은 정서적 중요성이 작은 사건들에 비하여 더욱 자주, 그리고/혹은 더욱 빨리 주의를 끌게 될 가능성이 많다. 예를 들면, 만약 어떤 개인이 굶주림의 희생자가 되어 고통 받은 경험이 있다면, 그는 타인의 영양실조 또는 굶주림을 나타내는 단서에 관하여 더욱 잘 알아차리고 해결 절차를 재촉할 것이다.

둘째, 정의적 동기는 인지적 입력들이 해석되는 방법과, 어떤 개인이 역할채택능력을 불러일으키고 그것을 타인과의 관계에서 다른 형태의 사회적 인지로 사용할 것인지 어떤지에 관하여 판단하는 부분에 영향을 끼친다. 예를 들면, 2차 세계대전 때 강제수용소에서 근무하던 나치경비병들은 자신의 가족들이 나타내는 고통의 신호와 재소자들이 나타내는 고통의 신호를 매우 다르게 해석하는 경향이 있었다. 그것은 부분적으로, 그 개인들에 대한 서로 다른 두 집단의 정의적 유대관계가 본질적으로 달랐기 때문이다. 게다가, 나치 경비병들은 생각과 느낌 등을 포함하는 내적 절차에 있어서, 가족 구성원들에 비교하여 재소자들의 그것을 이해하려는 노력의 동기화가 덜 되는 경향이 있었다.

셋째, 정의적 요인은 어떤 특정 상황 하에서 한 개인이 다른 사람의 필요를 판단하는 데 일정한 역할을 한다. 예를 들어, 그 상황을 구성하는 요소가 정서적으로 충족된 가치나 의미와 동조하는 경우와 같은 어떤 상황의 정의적 의미, 잠재적인 후원자와 도움의 수혜자 사이의 정의적 관계, 그리고 개인이 타인의 곤경을 대리 체험 할 때 느낌의 정도 등은 모두 친사회적 반응 가능성의 영향을 받는다.

친사회적 행동에 있어서 정의적 입력(affective input)의 중요성은 개별 상황이나 개인에 따라 매우 다양하게 나타날 것이다. 예를 들어, 어떤 사건의 흐름이 매우 급박하게 진행된다면, 사람들은 인지과정과는 비교적 많은 관련을 맺지 못할 것이며, 오히려 그들의 반응은 아마도 다양한 감정적이고 개성적인 요인들의 영향을 더욱 많이 받게 될 것이다. 그러므로, 개인은 상황적 압력이 존재할 때는 인간관계적 사건의 의미를 내적인 절차에 따라 살펴보고 싶어 하지 않는 경향이 있다. 대신, 그들은 특정한 상황에 의하여 촉발되는 감정적이고 정의적인 동기에 근거하여 행동하고자 하는 경향을 나타낸다. 게다가, 인간관계사이의 상호작용과 관련하여 인지적 고려사항과 정의적 고려사항 사이에서 어느 쪽에 무게를 두고 응답할 것인가와 관련된 경향에 있어서는 개인적 차이가 존재할 수도 있다. 예를 들면, 어떤 어린이들은 타인의 고통에 대하여 인지적이며 비감정적인 방식으로 대하는가 하면, 다른 어린이들은 상당히 감정적으로 반응하는 경향이 있다.

친사회적 행동의 발달과 관련지어 많은 연구자들은 공감(empathy)의 메커니즘에 관하여 언급하였다. 일반적으로, 공감은 중요한, 혹은 적어도 주된 요인으로 이해된다. 한 아동이 자신과 타인, 그리고 자신의 감정적 상태와 타인의 감정적 상태를 분리할 수 있는 발달단계에 도달하게 되면, 타인의 고통에 대한 그 아동의 대리체험적인 감정적 반응은 친사회적 행동의 동인으로 기능하는 것이라 여겨진다. 이때, 비록 여러 가지 연구결과는 공감과 친사회적 행동 사이의 관련성을 보여주고 있지만, 그러한 상호관계가 존재하는 이유에 관해서는 아직 명확하게 밝혀지지 않고 있다. 다만, 공감은 친사회적 행동의 정의적 동인(動因)일 수 있으나, 연령에 따라, 아동의 성차에 따라, 공감의 운용성(operationalization)에서 기인하는 다양성에 따라서,

서로 반응하거나 영향을 주고받는 사람의 일반적인 포용성 및 공감의 유형에 따라서, 이러한 상호작용을 매개하는 절차가 달라질 수 있다 (Eisenberg, 1982: 11-12).

비록 공감이 친사회적 행동의 발달에 기여하는 주된 정의적 반응일 수 있으나, 그것만이 유일한 요인은 아니다. 성공과 실패, 물질적 보상의 획득, 당황스러움, 자아에 관한 부정적인 피드백 등과 같이 다양한 경험으로부터 기인하는 긍정적인 또는 부정적인 정의적 요소들 또한 마음가짐에 영향을 끼칠 수 있으며, 개인의 일시적인 감정상태 또한 친사회적인 경향의 행동이 일어나도록 하는 가능성과 관련을 맺고 있다. 또한, 공감과 친사회적 행위 사이의 관계에 대한 본질은 아동의 성차에 의하여 달라지는 사회화 과정의 관습에 의해서도 영향을 받을 수 있다. 이러한 공감에 관한 여러 연구결과는 감정을 불러일으키는 특성에는 다양한 변인들이 포함되고 있음을 제시하고 있다. 그리고 이러한 다양한 변인은 현실 공간에서 뿐만 아니라 사이버 공간 속의 상호작용에서도 마찬가지로 찾아볼 수 있는 것이다.

IV. 사이버 공간을 통한 친사회적 행동의 학습

1. 사이버 공간에서 친사회적 행동 학습의 필요성

친사회적 행동의 학습에 관한 검토는 도덕교육의 본질과도 밀접한 관련을 지니고 있다. 인간은 사회적 존재이므로, 사회 속에서 살아갈 때 언제나 그 자신의 복지를 증진시키고자 한다. 그러나 인간은 다른 존재와 함께 살아갈 필요가 있으므로 단순한 복지의 증진만으로는 충분한 설명이 되지 못한다. 따라서 인류 전체의 공동선이라는 개념의 추구가 필요하게 되는 것이다.

공동선과 관련지어 볼 때, 18세기 계몽주의 이전의 서구 사회에서는 자율성의 확보가 개인의 복지와 자기 존중에 있어서 필요한 요소라고 이해되었다. 이때, 강한 자율성을 주장하는 학자들은 자율성이란 어떠한 공동선과도 연결되지 않는 것이라고 설명하였다. 이에 대해 약한 자율성을 주장하는 학자들은 자율성이란 공동선에 관한 최소한의 합의를 전제하는 것으로 이해하였다. 이것은 한 사회가 인류의 복지에 관한 실질적인 성장이라는 목표에 가치를 둔다는 한정적인 선언명제 수준에서 이해될 수 있는 것이다(Christopher, 1998: 158). 이러한 관점에서 볼 때, 도덕교육은 약한 자율성의 입장에서 이해될 수 있는 것이며 이는 또한 자율성을 추구하는 사이버 공간이 취하는 인터넷의 관리와 규제의 원칙 자체가 온건한 자기통제를 함께 지니고 있다는 점에서 도덕교육이 개입할 수 있는 여지를 제공하는 것이라 할 수 있다.

사이버 공간은 그 형성의 초창기부터 자유분방의 정신이 담론을 지배하고 있다. 이러한 특징을 극단적으로 보이는 사람들의 입장이 바로 시민자유론자들의 주장으로 나타나는데, 이들은 인터넷의 무정부 상태와 구조 결여 상태가 약간은 지나친 것이 사실이지만, 인터넷 이용자들은 거기에 엄격한 중앙집권적 통제가 가해지는 것을 원치 않는다고 설명하고 있다. 특히 이들은 인터넷이 번창하는 것은 중앙집권적 지배 권위가 없기 때문에 가능한 것이라고 주장하며 전통적인 형식의 규제는 전자 상거래와 아이디어의 자유로운 흐름을 방해할 것이라고 믿어 정부의 간섭을 타당하지 않게 여기고 있다. 그럼에도 불구하고, 그들은 완전한 형태의 무정부 혹은 무질서 상태를 주장하는 것이 아니라, 인터넷이 그 자체의 독특한 정치구조를 개발할 수 있어야 하고, 적절한 기준을 설정하여 그 안에서 발생하는 분규를 스스로 처리할 수 있어야 한다고 주장하며 분권화를 통한 지속적인 자율성을 주장하고 있다(Spinello, 이태건·노병철 역, 2001: 73-76). 이러한 관점에서 이들이 주장하는 자율성은 약한 수준에서의 자율성이라 설명할 수 있다. 따라서 이러한 인터넷 특유의 질서 유지 구조가 효과적으로 작동하도록 하기 위해서 도덕교육이 개입할 여지가 존재한다고 설명할 수 있다.

약한 자율성의 관점에서 본다면, 인간의 삶은 어떠한 원칙을 필요로 하는 것이다. 이러한 인간의 행위를 규율하는 다양한 일반적인 행위의 법칙과 규범이 존재한다. 이때, 인간이 외적 세계의 작동에 참여하는 실질적인 방법은 사회적 체제의 목표에 관련을 맺는 것이다. 인간이 사회적 세계를 이해하고 타인들과 사회적 관계를 형성하는 것은 어떠한 도덕적 판단의 형성을 통해서 구체화된다. 그리고 그것은 어떤 상황의 맥락 내부에서 도덕적 측면과 관련된 것의 중요성을 확인하고, 그에 대하여 도덕적 원칙을 적용하여야 한다는 점을 인식함으로서 이루어진다.

이때 인간은 사회적 구조의 내부에서 자신의 복지를 추구하고자 하기 때문에 도덕교육은 어떠한 규칙에 관한 인식과 이해 수준에서 끝나는 것이 아니라, 자율성과 자발적 행동의 발달로 까지 이어져야만 한다. 이러한 관점에서 자율성과 자기주도성의 발달을 위해서 도덕교육은 바람직한 인격의 형성과도 관련을 맺게 된다. 이는 외부의 영향에서 독립적이며 사회 구성원으로서 책임 있는 행동을 하도록 하는 것과 관련을 맺는 것이다. 그리고 이러한 도덕적 반성과 도덕적 사고는 타인에 대한 것뿐만 아니라 자기 자신에 관한 것으로 이어져야 할 것이다.

인간이 서로에게 관련을 맺고 있다는 점에서 사이버 공간은 현실 공간과 마찬가지로 인간 번영이라는 궁극적 선의 측면을 지향하여야 한다. 이는 법 제정, 사회 제도 개발, 인터넷 규제 등을 위한 하나의 토대로서 구실하는, 영구불변의 가치를 지향하는 처방적 이정표로 기능할 필요가 있다. 이러한 도덕적 이상은 대단히 높은 수준의 원리에 해당하여, 정책 결정이나 구체적 실천에 어렵다는 문제점을 지니고 있으므로, 어떠한 매개적인 윤리 원칙의 학습을 필요로 한다. 이러한 매개적 윤리 원칙들은 핵심적 선으로부터 유추되면서도 도덕적 결정을 내리는 데 있어서 보다 더 실천적인 지침으로 기능할 수 있다. 사이버 공간에서 적용될 수 있는 이러한 실천적인 지침은 단순한 윤리적 원리의 파악으로 끝나는 것이 아니라, 구체적인 행동의 적용을 필요로 하는 것이다. 그러나, 학습활동에 구체적인 초점을 맞춘 것이 아닌 가운데 사이버 공간에서 이루어지는 인간의 일상적인 활동은 직접적인 교육 내용의 전달과 수용이라는 측면에서는 다소 미약하다는 특성을 지니고 있다. 따라서 사이버 공간에서의 실천적 지침은 타인의 실천에 관한 관찰 및 자신의 구체적인 실천을 통하여 강화를 형성하는 친사회적 행동의 학습 메커니즘과 관련을 맺게 된다고 할 수 있다.

2. 친사회적 행동 학습의 형성 조건

행동이 학습되는 상황으로서의 사회적 상황을 강조하는 사회학습이론에 의하면, 도움, 협동, 이타성 등의 친사회적 행동은 적당한 모델의 노출에 의해 친사회적 행동이 쉽게 영향을 받을 수 있다는 것을 밝히고 있다. 이때, 타인들의 매개가 욕구 만족을 위한 중요한 요건화가 된다. 밴두라(Bandura)는 고전적 조건화와 작동적 조건화를 통하여 일어나는 행동 변화는 인지와 사회적 규제과정을 통하여 매개된다고 주장하며, 학습은 타인의 행동을 관찰하는 것을 통해서도 일어날 수 있다고 주장한다.

밴두라는 우리가 사회적 상황 속에서 모방을 통하여 많은 것을 학습하며 그것을 위해서 관찰이 필요함을 주장하였다. 이 관찰학습의 과정은 결국 모델을 성공적으로 모방하는 과정이 되는데, 먼저 모델에 주의를 기울여야 하며 (주의과정: attention process), 다음으로 본 것을 상징인 형태로 저장하는 어떤 방식을 갖추어야 하며(파지과정: retention process), 이어서 그 행동을 재생하기 위하여 필요한 운동기술을 갖추어야 한다.(운동재생과정:motor-reproduction process). 이러한 조건들이 갖추어지면 모델을 어떻게 모방하는지 알게 되지만, 이것만으로 직접 행동이 이루어지지는 않는다. 실제 모방을 위해서는 강화의 과정(reinforcement process)이 필요하다. 강화에는 직접적 강화, 대리적 강화, 자기 강화 등이 있다. 이때, 학습이론가로서 밴두라는 특히 무시행 학습(no-trial learning)과 대리적 강화를 강조하고 있다. 관찰을 통한 무시행 학습은 내적인 인지변인들을 포함하는 것으로, 관찰만을 통해 새로운 행동을 즉시 획득하는 것을 의미하는 인지적인 것이다. 대리적 강화는 다른 사람들이 새로운 행동을 시도할 때 어떠한 결과가 나타나는지를 관찰하는 것으로, 직접 행동하지 않고도 그 결과를 예상할 수 있다는 점에서 이 또한 인지적이다.

밴두라의 사회인지이론에 의하면 인간의 도덕적 자기 규제는 도덕적 사고나 의지에 의하여 얻어지는 것이 아니며, 사회적 제재와 개인적 제재의 두 가지 형태의 통제 메커니즘을 거쳐 나오게 된다. 사회적 제재는 사람들이 자신의 행동이 가져올 사회적 질타와 다른 나쁜 결과들 때문에 행동에 옮기지 못하는 것을 의미한다. 즉, 이것은 개인이 나쁜 행동을 하면 사회로부터 검열당하고 처벌받을 것이라는 개인의 예상적 제재이다. 개인적 제재는 내면화된 자기 제재로서, 올바른 행동을 하는 것은 자기만족과 자존감을 높여 주며 반대로 나쁜 행동을 하는 것은 자기비판과 처벌이 따를 것이라는 개인의 예상적 자기 제재이다. 상황요소에 의하여 발달되거나 움직이는 자기 규제 메커니즘은 행동에 대한 자기 감시, 개인적 표준과 환경 상황에 관련한 행동의 결정, 정의적 자기반응이다.

밴두라는 개인의 도덕적 표준이 그의 행위에 선택적으로 활성화되고 자기 규제가 비도덕적 행동을 통제하지 못하는 여러 가지 현상을 제시하면서, 그러한 현상은 다음 요인에 의하여 전개된다고 주장한다. 첫째, 사람들은 자신들의 행동을 도덕적으로 정당화하기 전까지는 대개 비난받을 만한 행동을 하지 않는다. 둘째, 완곡한 언어는 비난받을 만한 행동을 가려주는 편리한 수단을 제공해 주며, 때로는 그런 행동을 존경할 만한 행동으로 탈바꿈시켜 버린다. 셋째, 두 사건이 연속적으로 일어날 경우 첫 번째 사건은 두 번째 사건이 어떻게 수용되고 판단되는지에 영향을 미치게 된다. 넷째, 일반적으로 자기 제재는 해로운 효과에 대한 개인적 작인(personal agency)이 분명할 때 가장 강하게 활성화되며, 행동과 그 행동이 유발하는 효과와의 관계를 모호하게 하거나 왜곡시키는 것에 의하여 자기 제재가 철회되는 경우가 있다. 다섯째, 결과와 행동 간의 관계에서 행동에 대한 자기 제재는 책임감의 분산에 의해 더욱 약화된다. 여섯째, 자기 제재의 약화는 행동의 결과에 대해 고려하지 않거나 행동의 결과를 잘못 해석하는 경우에 발생한다. 일곱째, 나쁜 행동을 일삼는 사람의 자기 평가나 제재의 강도는 가해자가 피해자를 바라보는 시각에 좌우된다. 여덟째, 자신이 혐오하는 사람이나 대상 혹은 상황에 대한 비난은 자기 제재를 약화시키는 아주 간편한 방식이 된다. 이러한 도덕적 이탈(moral disengagement) 현상은 자기 제재의 점진적 감소를 통해 서서히 이루어진다(추병완, 1999: 190-196).

사회학습이론의 관점에서 진행되는 연구의 대부분은 도덕적 규범으로부터 일탈하려는 유혹에 저항하는 능력의 발달에 관한 것이다. 도덕적 규범의 본질은 처방적(prescriptive)인 것과 제한적(proscriptive)인 것으로 범주화되어질 수 있다. 처방적인 범주의 규범은 "네 부모를 공경하라"는 것처럼 사회 내에서 인간의 상호작용과 관련된 삶의 질과 관련된 것이며, 비도덕적 행위의 금지로 나타나는 제한적 범주의 규범은 “도둑질하거나 거짓말하지 말라”는 것처럼 사회 자체의 생존과 관련하여 더욱 중요하고 필요한 것이다. 그렇다면 유혹에 저항하는 개인의 능력 발달에 작용하는 메커니즘에 관하여 살펴보는 것이 필요하다. 그것이 바로 도덕성을 구성하고 있는 핵심적 요소이며, 어떤 개인의 도덕성이 파괴되거나 발달에 실패하여 유혹에 저항하지 못하였을 때, 그 댓가는 개인에게 뿐만 아니라 사회에 있어서도 실로 상당한 것이다(Casey & Roger, 1986: 74-89).

3. 사이버 공간을 통한 친사회적 행동의 학습 양상

유비쿼터스 시대에 사이버 공간에서 이루어지는 인간의 생활과 관련하여 친사회적 행위를 통한 도덕교육의 방법은 적합한 모델의 제시와 도덕적 자기 규제의 기회 제공으로 접근할 수 있을 것이며, 이를 통하여 학생들은 인지적으로 및 정의적으로 친사회적 영향을 받을 수 있을 것이다. 또한 그러한 행동은 개인적 요인과 환경적 요인 그리고 행동이 서로 결합하여 사이버 공간 속에서 작동하며 도덕적인 방향으로 표출될 것이다. 도덕적 자기규제는 개인의 특성에 따라 달라질 수 있는 매우 내면적 성질을 띠는 것이므로, 여기서는 친사회적 행동의 형성을 위한 적합한 모델의 제시라는 측면에 초점을 맞추고자 한다.

밴두라는 금지-허용효과(inhibitory-disinhibitory effect), 유도효과(eliciting effect), 모델링 효과(modeling effect)로 이루어진 세 가지

유형의 모델링 행동을 제시하였다(Rich & DeVitis, 1999: 64-65). 이것이 사이버 공간에서 적용되는 사례를 살펴보면 다음과 같다.

먼저, 금지-허용 효과는 모델의 반응 결과에 영향을 주는 것에 의하여 흔하지 않은 반응을 하게 하거나 혹은 그것이 일어나게끔 만드는 것을 의미한다. 일반적으로 우리는 자기 자신과 유사한 행동을 한 것으로 인하여 불유쾌한 경험을 하는 다른 사람들을 관찰하게 될 때 그러한 행동을 하는 것을 금하게 된다. 예를 들면, 수업시간에 껌을 씹다가 적발되어 벌을 받는 광경을 목격한 학생들은 그 수업 시간에 껌을 씹는 행동을 억제하게 된다.

사이버 공간에서 나타나는 금지-허용 효과로 인터넷 뉴스 등을 통한 사례관찰을 들 수 있다. 인터넷으로 뉴스를 제공하는 사이트에는 따뜻한 세상 뉴스도 많이 있지만, 사회의 어두운 면을 비판하고 그 잘못을 지적하는 뉴스가 특히 많다. 특히, 이러한 기사에는 개인의 의견과 평가를 제시할 수 있는 공간이 마련되어 있다. 이를 통하여 일탈행위와 그 제재의 내용에 관하여 학습할 수 있으며, 특히 그러한 일탈행위의 보도에 대하여 다른 사회 구성원들이 제시한 의견을 읽으며 그러한 행동이 어떠한 평가를 받게 되는지를 명확히 볼 수 있다.

다음으로, 유도효과는 모델이 이미 관찰자가 가지고 있는 반응 목록에 영향을 주는 것을 의미하는 것이다. 곤경에 처한 어떤 사람을 도와주려는 의도는 있으나 그렇게 하지 않았던 사람이 그런 사람들을 도와주는 친구의 행동을 관찰한 후에 자신도 그런 사람들을 도와주는 행동을 하게 되는 것이 대표적인 사례이다.

사이버 공간에서 이루어지고 있는 활동 중 유도효과를 잘 보이고 있는 대표적인 것은 반크(Vank) 사이트이다(URL 5). 이는 영문 'Voluntary Agency Network of Korea'의 머리글자를 딴 것으로, 인터넷상에서 전국 각지의 네티즌들이 모여 시간과 국경의 벽을 넘어 한국과 한국인을 모르는 외국인들에게 이메일을 통해 아름답고 순수한 한국만의 이미지를 바르게 홍보함으로써 세계 속에 한국 이미지를 변화시키고자 1999년 1월 1일 탄생한 사이버 단체이다. 인터넷상에서 한국을 알고 싶어 하는 해외 친구들과 한인 교포, 한인 입양아들에게 이메일로 한국에 관한 모든 것을 친절하게 알려 주는 사이버 관광가이드이자, 전 세계 해외 학급과 한국 학급을 대상으로 단체교류를 주선하여 사이버 만남의 다리를 건설, 각국 젊은이들이 꿈과 이상을 교류할 수 있도록 만남의 장을 제공하는 사이버 외교사절단이다. 초중고생을 중심으로 하는 1만 2천여명의 회원들이 8억명에 달하는 전세계 해외 네티즌들에게 한국의 모습을 올바로 알리는 것을 목표로 하여 자발적인 활동을 벌이고 있다. 이를 위해 '대한민국 국가 이미지 프로젝트'인 'PRKOREA 프로젝트'를 추진하고 있다. 이들은 설립 후에 외국 네티즌 100만 명을 1차 홍보 목표 대상으로 삼아 이들에게 한국의 경제·문화·역사·관광 등에 관한 홍보사업을 전개하였고, 미국 중앙정보국(CIA) 및 미국 정부, 내셔널 오그래픽사(社), 세계 최대의 온· 오프라인 지도(地圖) 출판사인 그래픽스 맵스, 세계보건기구·유네스코 등의 국제기구 등에 '일본해'의 '동해' 표기를 위한 항의 서한 및 시정 요구 메일을 보내는 등활발한 활동을 전개해 왔다. 그 밖에 각종 한국 관련 해외 인터넷 사이트에서 한국 문화나 기발한 활동을 전개해 왔다. 그 밖에 각종 한국 관련 해외 인터넷 사이트에서 한국 문화나 기타 정보에 대한 140건 이상의 크고 작은 오류를 지적해 수정하게 하는 등 많은 성과를 거두었다. 반크사이트 회원들은 단 한명의 해외친구에게 무한한 정성으로 한국을 알리면 그 친구를 통하여 그의 가족이 한국을 알게 되고, 그의 가족을 통하여 그의 국가가 한국을 알게 되어, 전 세계 60억 인구가 "내 친구의 나라 한국"을 사랑하게 된다는 모토를 가지고 자발적인 활동을 벌이고 있다. 이 사이트는 청소년을 중심으로 하여 움직여지는데, 이 청소년들이 자신의 활동 경험담을 올리고 서로 유용한 정보를 주고받으며 자발적 참여의 체험을 공유하는 형태로 운영되고 있다.

마지막으로, 모델링 효과는 우리가 모델을 관찰하는 것에 의하여 새로운 반응을 발달시키게 된다는 것을 의미한다. 아동은 부모나 형제, 동료 혹은 교사를 관찰하는 것에 의하여 새로운 행위를 학습한다.

사이버 공간에서는 그것이 갖는 수평적 의사소통의 특성으로 인하여 동료집단과의 의견교환이 활발하게 일어나고 있다. 청소년들은 많은 경우 오프라인에서 같은 학급이나 자신이 속해 있는 공동체의 의사소통을 원활하게 하기 위해서 온라인상에 사이버공동체를 만든다. 이러한 특징은 인터넷 커뮤니티 포털 사이트에서 카테고리 검색을 실시하면 중고교 학급 커뮤니티 또는 인터넷 카페의 사례들을 많이 볼 수 있는 것을 통해 알 수 있다. 그리고 이러한 공간 내부에는 다수 구성원을 이루고 있는 학생들의 초청을 받아 학부모와 교사가 일정하게 참여하며 사이버공동체의 운영을 안내하는 영역이 만들어져 있는 경우가 많다.

또한, 청소년 문화교류센터 미지(URL 6), 서울시립 청소년 직업

체험센터인 하자센터(URL 7) 등 사이버 공간에 존재하는 대형 청소년 공동체의 경우 국내외의 다양한 자원봉사, 캠프, 교류활동 등에 관한 경험이나 일에 관한 경험 등을 공유하고 그것을 관찰할 수 있는 내용이 많이 준비되어 있다. 각 지역을 기반으로 하는 지역 청소년 문화센터 역시 인터넷에 청소년 참여공간이 많이 마련되어 있으며, 이를 통하여 청소년들은 모델링 효과를 얻을 수 있다.

V. 결론

컴퓨터와 정보통신기술이 제공해 준 새로운 삶의 공간으로서의 사이버 공간은 우리의 확고한 윤리 의식과 네티켓에 의해 자율적으로 운영·유지될 수 있는 공간이다. 이를 올바르게 인식하지 못한 네티즌들에 의해 행해지고 있는 온갖 비윤리적이고 몰염치한 행동들은 이제 가히 위험 수위를 육박하고 있는 실정이다. 그들은 가상공간이 제공해 주는 익명성에 탐닉하여 현실 세계에서는 용이하지 못한 타인에 대한 공격 욕구를 교묘하게 충족시키거나, 여러 아이디(ID)의 사용을 통해 자신의 정체를 바꾸어 나가는 가운데 자기 분열적이며 현실 도피적인 쾌락을 추구하고 있다. 크래킹, 바이러스 유포, 소프트웨어 불법 복제, 사생활 침해, 음란물 접촉, 은어·비어의 사용에 의한 언어 폭력, 타인 비방 및 허위 사실 유포, ID도용, 게시판 도배 등으로 나타나고 있는 일부 네티즌들의 컴퓨터 오용은 매우 심각한 수준에 처해 있다.

사이버 공간은 다른 사람들과 공유하면서 집단적으로 구성되는 네트워크상의 가상세계로 일종의 물리적 공간인 동시에 사회적 공간이다. 분명 사이버 공간은 그것을 가능케 하는 기술의 경제적 및 물리적 기초를 제공하는 현실 공간의 테두리를 벗어날 수는 없다. 기존의 물질적 육체에서 자유로워진 주체는 사이버 공간에서 탈고정적이고 유동적으로 존재한다. 그리고 그것은 정보통신기술의 발달로 인하여 물리공간과 사이버 공간이 유비쿼터스로 수렴하는 현재 사회에서 우리 스스로의 존재를 보장하기 위하여 일관된 도덕적 행동을 요청받고 있다.

인간 번영에 필수적이며 영원히 존속될 도덕적 선은 사이버 공간에 대한 규제에 있어서도 하나의 장치로서 직접적 역할을 수행하여야 한다. 인간 번영이라는 가치는 현실 공간에서는 물론 사이버 공간에서도 우리의 행동에 대하여 내려지는 궁극적인 제약에 해당한다.

사이버 공간에서 친사회적 행동의 촉진을 통한 도덕성의 형성은 사이버공동체의 건전성을 확보하는 수준을 넘어서 현실공동체의 생존을 위해서 필수적인 것이라 할 수 있다. 이러한 효과를 더욱 성공적으로 거두기 위하여, 청소년들이 사이버 공간에서 친사회적 행동을 형성하도록 하는 모델에 더욱 많이 접할 수 있도록 학교와 지역사회의 적극적인 참여와 안내가 필요할 것이다.

참고문헌

김성동 (2003), 『문화: 열두 이야기』, 서울: 철학과 현실사.

김현수 (2002), 『한국 청소년 정보윤리교육 과제 연구』, 서울대학교 대학원 박사학위논문.

박효종 (2005), "정치문화의 새로운 지평: 전자민주주의", 정보통신윤리위원회 편, 『정보사회윤리학』, 서울: 도서출판 이한.

전석호 (2000), 『정보사회론』, 서울: 나남출판.

차동춘 (2005), "정보화사회의 교육 패러다임", 정보통신윤리위원회 편, 『정보사회윤리학』, 서울: 도서출판 이한.

추병완 (1999), 『도덕교육의 이해』, 서울: 백의.

황상민 (2000), 『사이버 공간에 또 다른 내가 있다』, 서울: 김영사.

Bandura, Albert (1997), *Social Learning Theory*, NY: Prentice-Hal.l

Brief, Arthur P., Stephan J. Motowidlo, "Prosocial Organizational Behaviors", pp. 710-725, in *The Academy of Management Review*, *Vol. 11*, *No. 4* (Oct., 1986).

Casey, William M. & Roger V. Burton (1968). "The social learning theory", pp. 74-89, in Sapp, Gary L. (ed.), *Handbook of Moral Development*, Birmingham: Religious Education Press.

Eisenberg, Nancy (1982). *The Development of Prosocial Behavior*, NY: Academic Press Inc.

Gates, William Henry III, 이규행 역 (1997), 『미러로 가는 길』, 서울: 도서출판 삼성.

Lapsley, Daniel K., 문용린 역 (2000), 『도덕심리학』. 서울: 중앙적성

출판사.

Rich, John Martin & Joseph L. DeVitis, 추병완 역 (1999), 『도덕발달 이론』, 서울: 백의.

Severson, Richard J., 추병완·류지한 역 (2000), 『정보윤리학의 기본원리』. 서울: 철학과 현실사.

Spinello, Richard, 이태건·노병철 역 (2001), 『사이버 윤리』, 서울 : 인간사랑.

Wallace, Patricia M., 황상민 역 (2001), 『인터넷 심리학』. 서울: 에코리브르.

Webster, Frank, 조동기 역 (1997), 『정보사회이론』, 서울: 나남출판.

Winch, Christopher (1998), *The Philosophy of Human Learning*, NY: Routledge.

URL 1: http://cafe.daum.net/zcolor (검사일: 2006-10-31)

URL 2: http://www.mic.go.kr (검사일: 2006-10-31)

URL 3: http://opendic.naver.com/100/entry.php ? entry id=105946 (검사일: 2006-10-31)

URL 4: http://opendic.naver.com/100/entry.php ? entry id=99477 (검사일: 2006-10-31)

URL 5: http://www.prkorea.com (검사일: 2006-10-31)

URL 6: http://www.mizy.net (검사일: 2006-10-31)

URL 7: http://www.haja.net (검사일: 2006-10-31)

5장 사이버 범죄사범 청소년을 위한 정보윤리교육 교재 개발:

보호관찰 대상 청소년과 소년원생들의 사이버 윤리의식 함양을 중심으로

I. 서론

청소년 문화란 청소년들이 공유하고 있는 청소년 세대 특유의 삶의 방식으로서 청소년 집단 간에 명시적 및 잠재적 사회화를 통해 형성되고 전수되어 지는 청소년 세대의 행동 방식과 정신적 지표를 의미하는 것이다. 이것은 외양으로는 청소년의 젊음을 풍기는 영상, 청소년다운 행동, 청소년 나름으로 쓰는 언어 등의 문화적 양식을 통해 표현되는 특징을 가지고 있다.

교육사회학적 관점에서 접근할 때 청소년 문화는 일반적으로 다음의 세 유형으로 분류 된다: 첫째는 기성세대 혹은 성인의 입장에서 청소년 문화를 거의 간과하거나 무시하는 것으로, 청소년 문화를 미숙한 문화로 보는 유형이다. 둘째는 청소년들을 항상 부모나 교사 또는 성인들의 감독 하에 두어야 한다고 믿으며 청소년들끼리 어울리게 해서는 문제만 일으킨다고 생각하여 청소년의 문화는 바람직하지 못한 문제투성이의 문화 또는 기존 질서를 파괴하거나 무시함으로써 수많은 사회적 문화를 야기하게 되는 것이라는 관점에서 접근하여, 청소년 문화를 부정적인 시각에서 일탈과 비행의 부정적인 문화로 보는 유형이다. 셋째는 기성 문화는 주류 문화이고 청소년 문화는 반(反)주류 문화로 이해하여, 청소년 문화를 저항의 문화 또는 반문화로 보는 유형이다.

그런데, 청소년 문화에 대한 이러한 접근은 다분히 사회구조적인 측면에서 접근한다는 점에서 그 내재적 한계점을 노정하고 있다. 문화는 그 본질적인 측면에 있어서 윤리와 맥을 같이 하고 있음에도 불구하고, 이와 같은 사회구조적 측면에서의 분석은 개인과 사회의 상호작용을 무형적으로 매개하는 윤리적 측면에 대한 심도 있는 고려가 이루어질 여지를 차단하고 있기 때문이다. 특히 자율의 원리에 의한 도덕적 가치를 실현하기 위하여 필요한 객관적인 사정으로서의 문화적인 관계가 포함되는 것이 윤리적 가치를 형성한다는 점에서 본다면, 인간관계의 질서를 표상하는 윤리는 문화의 분석에 있어서 필연적인 고려의 대상이 되는 것이라 할 수 있다.

문화 자체에 관한 분석적 접근에서 기술 문화는 인간의 물리적 삶을 자연의 제약으로부터 자유롭게 하고, 예술 문화는 인간을 아름다움으로 고양시켜 정신적 삶을 현실의 고통으로부터 자유롭게 하며, 윤리 문화는 인간을 동물적이며 이기적인 본성으로부터 들어 올려 심리적인 자유를 부여하는 것으로 이해된다(김성동, 2003: 48-52). 이와 관련하여, 사이버 공간에서 예술이 정보통신 기술을 도구로 사용한다는 점으로 인해 예술 문화를 일반적인 예술과 윤리의 상관성의 맥락에서 접근할 수 있다면, 청소년들의 사이버 문화에 대한 접근에서 논의의 주제가 되는 두 측면은 바로 기술 문화와 윤리 문화 사이에 존재하는 지체 혹은 간극이라고 할 수 있다.

기술 문화의 관점에서 이해될 수 있는 정보 시대를 상징하는 사이버 공간에서 청소년들의 정보화는 청소년들의 개인 복지를 향상하며, 참여 민주주의적 활동 기회를 확대하고, 교육의 시·공간적 제약성을 극복하게 해 준다는 긍정적 측면을 지니고 있다. 그러나 윤리 문화의 측면에서 본다면 무엇보다도 다양한 형태로 나타나는 사이버 공간에서의 청소년들의 비도덕적 행위 또는 일탈 행위가 부정적인 측면으로 등장하고 있다. 건전한 시민으로 자라나야 할 우리의 청소년들이 정보화의 역기능으로 인하여 가치관의 혼란을 겪고 그로 인하여 일탈 행위까지 일으키게 된다면 이것은 당사자인 청소년 개인뿐만 아니라 우리 사회 공동체의 유지 및 존속에도 위해를 주는 심각한 문제라고 할 수 있다.

이렇듯 사이버 공간에서 청소년들의 일탈 행위는 그들을 도덕적으로 찢어놓을 뿐만 아니라 전체로서의 사회를 도덕적으로 분열시킨다는 점에서 문제를 지니고 있다. 우리 청소년들이 건실하고 유능하게 성장하기 위하여 반드시 도달해야 하는 도덕적 일치를 추구하고자 하는 시도에서, 이 연구는 직접적으로 청소년 범죄를 저지른 보호관찰 청소년들의 사이버 윤리 문화 고취를 위하여 필요한 교재의 개발에 초점을 맞추어 접근하고자 한다.

이를 위하여 먼저, 보호관찰대상 청소년 및 소년원생들의 사이버 윤리 문화 특성에 관하여 분석적으로 접근한다. 다음으로, 일반적인 교재 개발의 원리를 검토하여 사이버 윤리 문화의 고양을 위한 교재 개발의 이론적 기초로 삼는다. 마지막으로 이상의 교재 개발 원리를 적용하여 실제 개발된 교재의 시안을 제시한다.

Ⅱ. 보호관찰대상 청소년 및 소년원생의 사이버 윤리문화 특성

1. 사이버 공간에서 청소년 문제 행동의 특성 및 원인

청소년들이 범죄를 저지르게 되면, 일반적으로 보호관찰 처분을 받게 된다. 보호관찰 제도는 범죄인을 교도소나 기타 시설에 수용하지 않고 사회생활을 영위하면서 개선 및 갱생시키는 제도이다. 무엇보다 이 제도가 청소년들의 문제 행동과 밀접한 연관을 맺는 이유는, 소년법 및 보호관찰법에서 "반사회성이 있는 소년에 대하여 그 환경의 조정과 성행(性行)의 교정을 위하여 형사처분에 관한 특별조치를 행함으로써 소년의 건전한 육성을 목적으로 20세 미만의 범죄 소년에 대하여 가정법원 또는 지방법원의 소년부에서 보호사건으로 심리한 결정으로서 보호처분을 한다"(보호관찰법 제3조) 라고 하여 그 대상을 청소년이라고 직접적으로 명시하고 있기 때문이다.

이러한 청소년 범죄를 이해하기 위해서는 청소년 문제 행동에 관한 이해가 전제될 필요가 있다. 청소년 문제 행동은 청소년 부적응이나 일탈 또는 청소년 문제와는 구별되는 특성을 지니는 것이다. 일반적으로 청소년 문제는 청소년에 관한 사회 문제, 공공 문제로서 문제의 원인과 해결이 사회의 움직임과 보다 밀접하게 연관되어 있는 것을 지칭한다. 이때 청소년 문제는 특정 시대에 그 사회에의 신념, 규범, 가치, 제도 등에 영향을 받으며, 이에 따라 청소년 문제의 내용이 결정되는 측면이 존재한다. 이렇게 볼 때 우리 사회의 대표적인 청소년 문제로는 청소년 실업 문제, 청소년 인권 문제, 왜곡된 교육열 및 학업 중퇴생 문제 등을 들 수 있다.

이에 비하여 청소년 문제 행동은 사회의 질서에 위협적이며, 특정 시대와 사회의 가치나 규범에 의하여 영향을 받는다는 점에서는 청소년 문제와 동일한 맥락에서 이해된다. 그러나 청소년 문제 행동은 자신의 발달 단계에 위배된 행동, 또는 표출한 행위 자체가 사회 규범 등을 벗어나거나, 해야 할 행위를 하지 않아서 문제가 되는 행위의 결핍 등이 포함된다. 따라서 청소년 문제 행동은 단순한 개인적 문제 수준을 넘어서서 사회적 가치 규준이나 관습, 규범 등에서의 일탈행위로서 사회 및 개인에게 피해를 주는 행위와 범죄 행위까지 일으키는 문제 행동으로 확대되어 그 종류가 아주 다양하고 복잡하다. 이렇게 이해하는 경우, 청소년 문제행동에는 비행이나 범죄 등의 반사회적 행동과, 퇴행·고립·공상 등의 비사회적 및 도피적 행동, 발달과업 수행상의 문제행동, 일상적인 청소년의 고민과 가치관 혼란 등이 모두 포함될 수 있다(서울특별시·자녀안심운동 서울협의회, 2000: 7-8).

정보화와 관련하여 보고되고 있는 다양한 청소년 문제 행동은 그 발생 요인과 문제 해결을 위한 고리가 복합적으로 연결되어 있다. 이와 관련하여, 사이버 공간에서 청소년들이 저지르는 문제 행동에 관하여 살펴보면 크게 세 가지로 분류될 수 있다. 첫째 영역은 해킹·사이버사기·사이버 명예훼손 등 일반적으로 다루어지는 사이버 범죄 행동이다. 둘째 영역은 음란물 접속비속어 사용 등과 같이 성인들은 허용되지만 청소년들이 해서는 안되는 바람직하지 못한 행위를 저지르는 것으로 범죄라고 보기는 어려운 지위 비행이다. 셋째는 청소년들이 과다하게 인터넷에 몰입하는 인터넷 중독인데, 이는 청소년들의 일상생활을 저해할 뿐만 아니라 인터넷에 중독되면 사이버 범죄 및 현실 범죄를 저지를 가능성이 높다는 위험성에서 따로 다루고 있다(한국정보문화진흥원, 2006b: 32).

먼저, 사이버 공간에서 청소년들의 행동을 검토하면, 일반적으로 사이버 공간은 청소년들에게 자기감정을 충실하게 이행할 수 있는 장소로 작용한다. 다시 말해, 다른 사람을 의식하지 않고 충분히 자신의 존재와 욕구를 원하는 만큼 표현할 수 있다는 것이다. 특히, 청소년들은 사이버 공간에서 대부분의 활동을 가벼운 마음으로 재미삼아 하고 있으며, 무엇보다 사이버 공간에서 자신의 행동이 타인에게 심각한 정신적 타격을 줄 수 있다는 사실을 모르고 있을 뿐만 아니라 자신의 행동이 초래할 결과에 대해 거의 신경을 쓰지 않고 있다(윤영민, 2001: 199-228).

다음으로, 사회 환경적인 요인을 검토하면, 사이버 범죄를 저지른 청소년은 일반인에 비하여 사회적인 유대가 훨씬 약한 특성을 지닌다. 우리나라의 사이버 비행 청소년은 부모와의 친밀도, 부모의 청소년에 대한 감독 정도, 가정 화목도, 학교 수용도가 일반 청소년에 비하여 현저하게 낮은 것으로 나타났다. 사회활동 참여 요소에 있어서도 사이버 비행 청소년은 일반 청소년에 비해 참여도가 비교적 낮은 것으로 나타났으며, 규범 신념 요소에 있어서는 전체적으로 특별한 차이를 나타내지 않은 것으로 드러났다(한종욱, 2001: 357-384).

이어서, 청소년의 사이버 비행에 관련된 심리적 요인으로는 도덕성, 자아개념, 자존감, 자기통제수준, 충동성 및 감각추구성향 등이 있으며, 이러한 변인들 중 감각추구성향과 충동성이 사이버비행과 밀접한 관련이 있는 것으로 분석되었다. 이때 감각 추구란 다양하고 새롭고 복잡한 감각과 경험을 원하며, 그러한 경험을 얻기 위해서는 신체적이거나 사회적인 위험까지도 무릅쓰는 개인의 특질을 의미한다. 특히 청소년의 감각추구성향이 높을수록 자극적인 활동을 추구하게 되고, 이것이 더 이상 기대수준을 만족시키지 못할 경우 비행으로 쉽게 이어지게 된다(김진희·김경신, 2003: 85-97).

마지막으로, 청소년 정보통신 윤리의식 수준과 사이버 비행과의 관련성에 관한 연구에서는 분석결과 청소년 정보통신 윤리의식은 사이버 비행과 높은 상관관계를 지니며, 청소년들의 정보통신 윤리의식의 수준이 높을수록 사이버 비행의 수준이 낮아진다는 결론이 도출되었다(김수정, 2004: 69-88).

따라서, 사이버 공간은 감각추구성향이 높은 청소년들에게 악용될 소지가 매우 높으며 이들에 대한 사이버 공간에서의 규범과 윤리 교육이 기본적 대안으로 제시될 수 있다.

2. 청소년 사이버 범죄의 예측 요인

어떤 범죄의 예측 요인을 검토하는 것은 기본적으로 위험한 범죄로부터 사회를 보호하기 위하여 필요한 것이다. 그러나 이는 그로부터 더 나아가 범죄자 자신의 치료와 재활을 통하여 교정과 사회복귀를 추구한다는 점에서 중요한 의미를 지닌다. 다시 말하면 범죄자의 위험성에 대한 평가 이외에도 범죄자가 필요로 하는 욕구를 발견하고 그것을 기반으로 보다 적절한 교화와 서비스 등의 프로그램을 시도하고자 하는 노력에 의의가 있다는 것이다.

보호관찰대상 청소년 및 소년원생을 대상으로 한 사이버 범죄 사범 분류체계의 연구에서는 사이버 범죄의 유형을 사이버 신종범죄, 사이버 언어폭력, 사이버 성관련범죄, 사이버 재산범죄, 사이버 불건전범죄의 다섯 가지로 분류하여 제시하고 있다. 또한 이 연구에서는 사이버 범죄의 주요 요인을 다섯 가지로 분류하여 제시하고 있다. 첫 번째 요인군은 사회배경적 특성이며, 두 번째 요인군은 가정환경 요인들이며, 세 번째 요인군은 학교 및 친구관계 관련 요인들이며, 네 번째 요인군은 개인의 심리사회적 특성에 관한 요인들이며, 다섯 번째 요인군은 범죄의 내용과 경력에 관련된 요인들이다.

이때 주목해야 할 점은, 이 연구 자체는 소년 사이버 범죄사범과 일반 범죄사범 사이에 인구·사회학적 특성이나 의식 수준에 있어서 별다른 차이가 발견되지 않았음을 연구 결과로 제시하고 있고, 또한 사이버 범죄의 죄목별로도 뚜렷한 차이가 없기에 소년범에 대한 교정 처우에 있어서 사이버 범죄자와 일반 범죄자를 특별히 구분할 필요가 없다는 결론을 제시하고 있다는 것이다. 그러나 이 연구는 107명이라는 소수의 샘플을 대상으로 진행된 연구 결과에 근거하고 있기에 그 결과 자체에 대해서 찬성할 수는 없다. 또한 이 연구는 재범 예측을 위한 요인을 발견하고자 설계된 조사연구였기 때문에 그 분석의 논리를 그대로 교육을 위한 수요 조사로 원용하는 것 자체도 만족스럽다고 할 수 는 없을 것이다. 다만, 관련된 선행 연구가 제한적이라는 상황을 고려한다면, 그 결론 자체가 부정적이며 통계적으로 유의미한 차이를 보일 정도로 표본의 숫자가 부족하다 하더라도 일정한 부분은 감안할 수 있을 것이라 사료된다. 이에 따라 관련된 연구의 결과를 보면 다음과 같다(한국정보문화진흥원, 2006b: 93-105).

첫 번째 요인군으로서 사회배경요인의 차이를 검토하면, 먼저 성별 차이에서는 모든 유형에서 남성이 압도적으로 값았고 사이버 성관련 범죄의 남성 비율이 약간 높게 나타났으나 전치적으로 유형별로는 차이가 없었다. 다음으로 연령 차이에서는 사이버 성관련 범죄, 사이버 불건전 범죄, 사이버 언어폭력의 경우 어린 연령이 많이 나타났다. 마지막으로 학력분포의 차이에서는 사이버 성관련 범죄, 사이버 언어폭력, 불건전 범죄는 학교 재학생이 많았으나 다소 심각한 범죄로 여겨지는 사이버 신종범죄나 재산범죄는 중퇴생이 많이 저지르는 것으로 나타났다.

두 번째 요인군으로서 가정환경요인의 차이를 검토하면, 먼저 부모의 교육수준 차이에서는 전체적으로 큰 차이는 없었으나 사이버 성관련 범죄에서 다소 아버지의 교육이 낮았고, 사이버 불건전 범죄에서 어머니의 교육 수준이 낮은 것으로 나타났다. 다음으로 부모의 직업여부 차이에서는 큰 차이가 없으나 가정소득의 차이에서는 가정소득수준이 낮은 청소년이 사이버 재산범죄를 저지르는 경향이 나타나는 반면 사이버 불건전 범죄는 가정소득수준이 높은 청소년들이 저지르는 경향을 보였다. 또한, 부모의 이혼차이·부모의 사랑·감독·부모와의 갈등·강압적 양육·부모에 대한 애착·부모의 전과 등의 관계는 전반적으로 차이가 없으나 사이버 성관련 범죄의 경우 부모와의 갈등 정도가 상대적으로 높은 것으로 나타났다. 그리고 사이버 성관련 범죄나 사이버 불건전 범죄의 경우 가출 청소년의 비율이 낮았으나, 사이버 재산범죄·사이버 언어폭력·사이버 신종범죄의 경우 가출 청소년이 상대적으로 많이 저지르는 것으로 나타났다.

세 번째 요인군으로서 학교 및 친구관계 요인 차이를 검토하면, 학업능력·학교부적응·학교에서의 차별 경험·친구관계·불량조직 등의 학교생활과는 전체적으로 큰 차이가 없었으나, 다만 사이버 불건전 범죄에서 학교공부에의 관여나 학업성적의 분포가 다소 높은 것으로 나타났다. 대부분의 사이버 범죄 유형에 있어서 무단결석의 경험자가 많았던 반면, 사이버 성관련 범죄자의 경우에는 무단결석의 경험자가 적은 것으로 나타났다. 또한, 사이버 성관련 범죄자의 경우 비행 친구가 없는 것이 특징으로 나타났다.

네 번째 요인군으로서 개인 심리 사회 특성의 요인 차이를 검토하면, 충동성·윤리의식·부정적 감정들(분노, 불안, 우울)·컴퓨터 사용시간·컴퓨터 실력 등에는 유의미한 차이가 없었다. 다만, 사이버 성관련 범죄자의 경우 다소 자긍심이 높은 것으로 나타났다. 또한, 사이버 성관련 범죄자와 사이버 불건전 범죄의 경우에는 컴퓨터 사용시간이

다소 높은 것으로 나타났다.

다섯 번째 요인군으로 범죄 내용 및 경력의 요인 차이를 검토하면, 사이버 범죄 유형별로 사이버 범죄나 일반 범죄의 최초 연령에는 차이가 없었다. 또한 전과의 차이도 없는 것으로 나타났다. 다만, 사이버 성관련 범죄자는 전과의 최초 연령이 다소 낮은 데 반해, 사이버 신종 범죄자는 그 연령이 높은 것으로 나타나 다소 차이를 보였다.

이상의 선행 연구 결과를 토대로 보호관찰 대상 청소년 및 소년원생들이 사이버 범죄를 저지르지 않도록 하는 데 도움을 주는 교재 개발에 접근하고자 하였다.

Ⅲ. 교재 개발의 이론적 배경

1. 교수 설계 이론의 검토

교재 개발을 위해서 무엇보다 가장 먼저 선행되어야 할 점은 교수 설계이다. 이는 수업 설계라는 말로 일컬어지기도 한다. 교수 설계는 교수의 과정을 이해하고 개선하는 데 관심을 두고 있는 학문 영역으로, 설계란 기대하는 목표를 성취시키기 위해 최적의 수단을 찾는 것이다. 따라서 교수 설계란 학습자의 지식과 기능에 기대하는 변화를 가져오기 위해 최적의 교수 방법을 처방하고 고안하는 과정이라고 할 수 있다. 그러므로 교수설계를 통해 가르치는 과정 자체를 더욱 잘 이해할 수 있으며, 따라서 가르침의 방법, 순서, 질 등의 향상을 추구할 수 있다(한정선 외, 2004: 117). 이와 더불어, 학교 교육을 포괄하는 넓은 의미의 학습과 발달이라는 개념에 인지적, 정서적, 사회적, 신체적, 정신적인 것들이 포함될 수 있다면, 교수 설계 이론은 인간의 학습과 발달을 촉진시키는 보다 나은 방법에 관해 명확한 지침을 주는 이론이라고 할 수 있다.

이러한 측면에서 교수 설계 이론에는 다음과 같은 네 가지 공통적인 주요 특성들이 존재한다(Reigeluth, 최욱 외 9인 옮김, 2005: 5-11). 첫째, 학습이나 발달을 위해 제시된 목표를 달성하는 수단에 초점을 두고 직접적인 지침을 준다는 점에서 교수 설계 이론은 설명 지향적이다. 둘째, 교수 설계 이론은 학습을 지원하고 촉진하는 수단으로서의 방법들 및 그 방법을 사용할 수 있는 상황들을 제시한다. 이를 위하여 교수 설계는 수업의 방법들이 목표와 필요로 하는 지식 및 예기되는 성과에 대한 묘사와 예시를 통하여 명확한 정보를 제공하고, 치밀한 연습을 통하여 학습자의 적극적이고 반성적인 참여의 기회를 제공하며, 수행에 관한 분명하고 신중한 조언을 제공하여 유익한 피드백을 실시하고, 매우 흥미 있고 연관성이 있거나 학습자와 관련된 성취를 제공한다는 점에서 강한 내외적 동기를 부여한다. 셋째, 교수 설계 이론이 제공하는 교수 방법들은 교육자들에게 지침을 제공하는 보다 세분화된 구성방법들로 분리될 수 있다. 이는 수업목표의 확인, 목표달성 정도의 확인 및 부호화 과정, 논의되는 개념에 대한 충분한 예시의 제공, 실연, 친숙하고 확장된 새로운 요소의 도입을 통한 기존 개념과 새로운 개념의 결합, 학생들이 이미 알고 있는 원리와 설명 사이의 상호점검 및 논리의 주입 등을 통한 새로운 개념이나 절차의 합리화 등으로 제시된다. 넷째, 이러한 수업의 방법들은 개연적인 것으로서, 목표 달성을 확실히 보장하는 것이 아니라 목표 달성의 기회를 증가시켜 주는 수준에서 이해된다.

이러한 교수 설계의 접근 방법은 체제적 접근과 체계적 접근으로 분류될 수 있다. 체계적 접근은 순서와 절차를 따르며, 단계적이고 선형적이며, 목표를 효과적이고 효율적으로 달성하기 위해 설계하는 접근이다. 이에 비해 체제적 접근은 역동적이고 비선형적이며, 상황의 맥락과 변인을 고려하여 교수 설계자의 상상력과 창조성을 토대로 설계하는 것을 뜻한다(김항인, 2007: 79). 교수 설계를 미시적 차원에서 최적의 교수 방법을 처방하는 것으로 이해한다면, 처방적이고 실용적인 이론으로 교수 설계에 접근하는 이론은 교육 공학의 기초 이론 중 체제 이론에 해당한다.

기술적 지식의 대표적 형태인 학습 이론 만으로는 교육에 관한 최선의 설명이 제시되지 못한다는 점에서 교수 설계 이론의 독특성이 요구된다. 기술적(descriptive) 이론의 명제들은 '만약 … 이면, … 이다' 라는 논리적 구조를 갖는다. 한편, 처방적(prescriptive) 지식은 '… 을 하기 위해서는, … 한 것을 수행하라' 라는 논리적 구조를 갖는다. 이러한 처방적 지식은 기술적 진술의 측면에서 타당한 어떤 지식을 처방적 지식으로 변환하였을 경우 항상 적절하게 제시되지 않는다는 특성을 지닌다.* 따라서 처방적 지식을 구성하기 위한 별도의 노력

* 기술적 지식의 사례는 '반복을 하면 기억이 증가한다'는 명제이며, 처방적 지식의 사례는 '기억을 증가하기 위해서는 반복을 하면 된다'는 명제이다. 이때, 기술적 지식의 진술문을 도치할 때 나올 수 있는 처방적 지식의 진

이 필요하며, 이는 학습에 관한 이론적 설명 뿐만 아니라 교수-학습을 구성하고 있는 일반적 요소들에 관하여 함께 고려할 필요가 있음을 나타내는 것이다(임철일, 2006: 15-16).

체제 이론의 관점에서 체제는 구성 요소가 존재하며 이들 요소간의 상호 의존적, 역동적, 유기적 관계 형성을 기초로 체제 내의 한 요소가 변화하면 이에 따라 다른 요소가 변화하게 된다. 따라서 많은 경우, 체제는 공통의 목표를 위하여 기능하고 상호간에 영향을 미치게 되며, 이때 체제의 목표는 체제의 존재 이유를 명시하고, 이에 따라 체제가 작동하는 근거를 제시한다. 이러한 체제 이론이 교육적 상황에 접목되는 과정에서, 논리적 문제 해결 방법을 학습에 적용할 수 있고, 체계적이고 반복적인 수정 작업이 가능하며, 설정된 목표의 달성을 위해 합리적이고 처방적인 절차를 따라 의도한 학습의 과정을 연습할 수 있는 장점이 있다(권성호·임철일 편저, 2006: 206-207). 이러한 체제적인 체계 설계를 바탕으로 하는 교수 설계 이론의 대표적인 형태는 ADDIE 모형, Kemp의 교수설계 모델, Dick & Carey 모형, Andrews와 Coodson의 교수설계과정 모형 등이 있다. 또한, 교수 설계학자들이 주장하는 모형으로는 Gagne의 교수설계 이론, Merrill의 내용요소 전시이론, Reigeluth의 정교화이론, Keller의 ACRS이론 등이 있다(한정선 외, 2004: 117).

교육 프로그램을 개발할 때에 이루어지는 교수 설계와 관련하여, 본 연구는 보호관찰 대상 청소년이라는 특정한 학습자와 사이버 범죄

술문 자체만으로는 적절하지 않다. 기억술, 유의미한 이해 등 여러 사항을 고려하여야 하기 때문이다.

예방이라는 특정한 내용을 전제하여 학습자에게 기대되는 변화가 일어날 수 있도록 최적의 교수 방법을 찾고자 하는 것을 우선적 목표로 하고 있다. 특히 교수 체제 개발이 인간의 교육과 학습의 문제를 해결하기 위하여 체계적이고 체제적인 분석, 설계, 개발, 실행, 평가의 과정을 통해 교육 훈련 프로그램을 개발하는 것이라고 한다면, ADDIE 모형은 이러한 체제 설계의 기본 모형으로 제시될 수 있다. 그 이유는, ADDIE 모형이 지금까지 개발된 100여개 이상의 교수설계 모형 중 가장 일반적인 모형이기 때문이다. 특히, 이 모형은 어느 한 사람에 의해 연구되거나 완전히 정교하게 발달한 모형이 아니라 오랜 시간에 걸쳐 여러 사람들의 참여에 의하여 비공식적으로 발전되며 완성된 모형으로 의의를 지닌다.

2. 교재 개발을 위한 교수 설계 원리

본 연구는 기본적인 분석과 설계의 단계를 바탕으로 하여 이루어지는 개발의 단계에 초점을 맞추고자 한다. 개발은 설계 과정에서 만들어진 청사진을 바탕으로 하여 실제로 제작을 실시하는 것이다. 교수 자료의 개발, 형성평가 및 수정, 제작의 단계가 이에 해당한다. 그 중 교재 개발은 일차적인 교수 자료의 개발 영역에 해당하는 것이므로 ADDIE 모형에서 개발과 관련된 제반 영역에 대한 검토가 이루어져야 한다. 또한, 이와 관련하여 교육 자료에 효과적인 교육과정 설계 특징이 반영되어 있다면 모든 학습자들이 이해를 더 잘 하고 문제를 더 잘 해결할 수 있다는 장점이 있다. 이를 위해서 효과적 교수 도구에는 큰 개념, 명시적 전략, 매개된 형성, 전략적 통합, 준비된 배경지식, 요령 있는 복습 등의 원리가 반영될 필요가 있다 Kame'enui, 이대식·이창남 옮김, 2005: 12).

이러한 원리를 바탕으로 하여 개발의 단계에 접근하기 위해서는 그 전제가 되는 분석과 설계의 단계에 관하여 선행적 검토가 이루어질 필요가 있다. 먼저, 분석의 단계에서는 일반적인 내용과 더불어 초점 영역에 대한 확인이 포함될 필요가 있다. 초점 영역은 교수-학습을 포함하며 실천에 초점을 맞추는 것이어야 하며, 교수자의 통제 범위 내에 있는 어떤 것이어야 하며, 교수자 자신이 열정을 느낄 만한 것이어야 하고, 교수자가 변화 혹은 개선시키고자 하는 어떤 것이어야 한다(Mills, 강성우 외 9인 옮김, 2005: 58-63).

분석 단계의 구성 요소를 세부적으로 접근하면, 요구 분석, 학습자 분석, 환경 분석, 직무 및 과제 분석이 이루어질 필요가 있음이 제시된다. 요구분석 단계에서는 바람직한 상태와 현재 상태의 차이를 찾아내어 달성해야 할 수준이나 과제를 파악한다. 학습자 분석에서는 교수 설계에서 대상이 누구인가에 따라 전체적인 구성이 달라질 수 있음으로 인하여, 현재 학습자의 배경, 직무 및 내용과 관련된 경험, 적성, 동기, 학습 등을 파악한다. 환경 분석은 학습 환경과 수행 환경 두 가지로 나누어지는데, 학습 환경은 무엇인가를 배우는 장의 환경이며 수행 환경은 그것을 활용하는 직무 환경을 말하는 것이다. 직무 및 과제 분석은 요구 분석의 결과로 나타난 것을 직무와 과제에 따라 분석하는 것이다. 구체적인 학습 목표를 설정하기 위하여 과제는 대

과제, 중과제, 소과제로 점점 세분화 된다.

설계 단계에서는 수행 목표의 명세화, 평가 도구의 개발, 계열화, 교수 전략 및 매체 선정 등이 이루어진다. 설계 단계에서는 목적과 목표를 구분하여 세워야 하는데, 목적은 일반적인 수준의 포괄적인 것을 의미하고 목표는 구체적으로 측정 가능한 것을 말한다. 목적은 요구 분석의 결과로 만들어질 수 있으며, 목표는 학습 과제 분석의 결과에서 도출해 낼 수 있다. 수행 목표 진술에서 필요한 구성요소는 학습자, 학습 경험 후 관찰되는 행동, 과제가 수행될 수 있는 조건, 수행 정도를 판단할 수 있는 정도의 네 가지로 이해될 수 있다. 평가 도구의 경우 목표가 인지적인 경우에는 지필검사, 정의적 영역의 경우 관찰법, 심체적 영역의 경우 체크리스트를 많이 사용한다. 계열화는 내용을 어떤 순서로 가르쳐야 효과적인가를 말하는 것이다. 교수 전략과 매체의 선정 단계에서는 목표와 내용의 순서인 계열화가 결정된 후 어떤 방법으로 가르쳐야 가장 효과적일지를 고려하여 매체가 결정되고 이에 따른 전략으로서 교수-학습 계획이 수립된다.

이상을 바탕으로 하여 이루어지는 개발은 설계 과정에서 만들어진 청사진을 바탕으로 실제 제작을 하는 것이다. 교수 자료의 개발, 형성평가 및 수정, 제작의 단계가 이에 해당한다. 교수 자료의 개발은 학습목표와 학습 내용에 따라 비용, 기간, 활용성 등을 고려하여 제작하여야 할 것이다. 형성평가는 양질의 프로그램을 만들기 위하여 제작 과정에서 필요시 점검하는 것을 의미한다. 형성평가 실시에서 찾아진 수정 사항을 모두 반영하여 교수자료를 개발할 필요가 있다.

실행 단계에서는 지금까지 분석, 계획, 제작을 통해 만들어진 산출

물을 사용한다. 프로그램 사용 및 설치를 위해서는 공식적인 후원을 받아 널리 배포할 수 있게 하고 이용하는 교사들에 대한 사전 교육을 실시하는 것이 필요할 것이다. 특히 효율적인 실행을 위한 유지 및 관리가 중요하며, 마지막 단계의 평가 과정에서는 교육훈련 프로그램의 가치를 평가하는 총괄 평가가 이루어질 것이다(한정선 외, 2004: 118-120). 본 연구는 개발 단계에 초점을 맞추고자 하므로 실행과 평가 부분은 논의에서 제외하였다.

자료개발 및 교수 전달의 접목 지점에서 매우 중요하게 고려되어야 할 사항이 바로 설계자의 역할이다. 많은 교수 환경에서 교수를 설계하는 사람이 또한 교수 자료를 개발하고 학생을 지도하게 된다. 특히 교사는 교수의 개발 및 전달에 있어서 개별화된 교수 매체 자체를 설계하거나, 교수 전략에 적합하도록 기존의 교수 자료를 선택하고 변경하거나, 교수 자료를 사용하지는 않지만 교수 전략에 맞는 교수를 전달하는 등의 방법을 통해 세 가지 다른 수준으로 관여하게 된다. 이 경우 전체 자료 개발은 비공식적인 영역에 해당한다. 즉 설계자와 자료 개발자 사이의 형식적 명세와 의사소통의 많은 부분이 마음속 또는 비공식적 계획서에 존재하는 것이다. 이는 설계자 스스로가 동시에 교사로서 내용을 각색하고 조정하면서 수업을 운영할 여지가 생기므로 교수의 개발 및 실행의 상세화에 대한 관심을 덜 갖게 한다는 특성이 있다.

이에 비해, 상당한 규모의 훈련과 개발 기능을 가진 조직에서 교수 설계자는 설계, 개발, 훈련 실행에 책임이 있는 팀과 함께 작업을 한다. 이런 종류의 팀에는 관리자, 교수 설계자, 교과 전문가, 자료 개발자 또는 조정자, 평가자의 역할이 분담되어 있다. 이러한 경우 설계자가 개발자도 아니고 교사도 아닐 때에는 정확한 명세서와 의사소통 및 협력 기술이 필요한 팀 환경에서의 작업이 중요하게 된다. 설계자와 자료개발자 사이에 존재하는 의사소통에 있어서 각 참여자가 갖고 있는 설계 및 개발 기술의 결합과 책임의 분배 등에 의해서 결정되는 독특한 협력이 이러한 형태에 존재하는 특징이라고 할 수 있다(Dick, Carey & Carey, 최수영·백영균·설양환 옮김, 2003: 251-253). 본 연구는 교과서 형태의 출판물 자료 개발과 멀티미디어 자료 개발이 동시에 진행되었다. 출판물 자료의 개발에서는 교수 설계자와 교수자의 일치 상황이 제시된 반면, 멀티미디어 자료 개발의 경우에는 교수 설계자와 교수자의 불일치 상황이 전개되었다. 본 연구에서는 교수 설계자와 교수자의 불일치 상황에서 등장한 협력의 형태를 사례로 제시하고자 한다.

3. 효과적 학습을 위한 교수 전략의 검토

학습을 구성하고 있는 요소는 세 가지로 제시될 수 있다. 첫째, 학습을 통하여 설명될 수 있는 수행의 변화를 의미하는 결과이다. 둘째, 그 결과가 일어난 과정을 설명하고자 하는 수단이다. 이때 수단에는 그 과정이 작동하도록 가정된 어떤 가설적 구조 등도 모두 포함된다. 셋째, 그러한 과정을 촉발시킨 것을 일컫는 투입이다. 즉, 학습의 기초를 형성한 자원이나 경험을 의미하는 것이다(Driscoll, 양용칠 옮김

2004: 13). 이러한 구성 요소들은 학습 과정에 대한 촉진을 추구하는 것으로, 교실에서 행하는 활동의 상호관련성에 연관을 맺는 것들이다. 특히 수업의 목표는 목적에서 추출되어야 하고, 검사는 목표 속의 행동을 측정하는 것이어야 하며, 수업활동은 목표속의 행동과 검사에서 평가하는 행동을 지향하고 있는 것이다. 또한 수업의 효율성에 관한 자료와 정보의 가치에 대한 인식은 지속적으로 이루어지는 수업의 개선에 기여하는 것이다(Dick & Reiser, 이명기 옮김, 1995: 160-161).

이러한 학습은 곧 어떻게 가르칠 것인가 라는 물음에 대하여 탐구한 해답이 구체화된 형태로 제시되는 것이라 할 수 있다. 교수활동을 구성하고 있는 3 요소는 교사, 학생, 교과목으로 제시된다. 즉, 교수는 적어도 한 명의 교사, 한 명의 학생, 몇 개의 교과목으로 구성된다는 것을 의미한다. 이때 한 요소가 빠지면 나머지 두 요소는 서로 단절되어 교수는 일어나지 않는다. 예를 들어, 교사를 대신하여 교과서, 영화, 프로그램 등의 다른 자료가 제시되는 경우 교사는 물리적으로 존재하지 않는다고 할 수 있지만 교수 요소가 결여되었다고 할 수는 없다. 마찬가지로 교사는 특정한 학생들을 고려하여 교과목과 상호작용을 하게 된다. 이러한 상호작용 메커니즘은 곧 역동적 교수 개념으로 이해된다(Hyman, 권낙원 옮김, 2001: 34-39).

이와 관련해 이루어진 경험적 연구 결과에 의하면, 이상적인 교사의 형태를 알아내려는 시도는 의미 없는 것으로 증명되었으며, 학생들 개개인 역시 수업의 여러 가지 전략들에 대하여 다르게 반응하며, 학생들이 학습 상황에 가져오는 차이들이 교수방법의 효과를 결정하는 데 있어 다른 요인들만큼 중요하다는 것이 검증되었고, 동일한 내용을 가르치는 경우에도 그 목표가 다르다면 서로 다른 방법과 전략을 사용하여야 한다는 점이 밝혀졌다(Eggen & Kauchak, 임청환·권성기 옮김, 2006: 20-21). 이와 관련하여, 교수 전략 선정에 있어서 가장 직접적으로 연관을 맺는 활동은 교수 목표를 구체적으로 진술하는 것이다. 메이거(Mager)는 교수 목표의 진술을 행동, 조건, 수행 진술의 준거의 세 가지로 제시 하였으며, 가네는 성취상황, 학습된 능력, 성취내용, 성취행동, 성취도구·제한점·조건 등의 다섯 가지로 기술한 바 있다(박성익·임철일·이재경·최정임 공저, 2005: 139-140).

교수 전략과 관련하여, 효과적인 교수-학습 체제를 개발하기 위하여 관련된 주요 요소들과 그 요소들간의 관계를 중심으로 개발의 과정 및 절차를 도식화하여 나타낸 것을 교수 개발 모형이라고 한다. 이 모형은 교실의 수업 현장에 있어서 기존 자료를 선정하여 적용하는 방법에 관하여 검토하는 교실수업 개발 모형, 공학매체를 바탕으로 자율학습 자료를 제작하는 형태로 특정 교수자료를 제작하는 것에 초점을 두는 자료제작모형, 자료제작모형이 한 패키지를 다룬다는 점으로 인해 여러 개의 교수 자료가 동시에 통합된 교수 체제를 개발하는 것에 초점을 두는 교수 체제 개발 모형 등이 고려의 대상이 된다(박성익 외 7인 공저, 2001: 180-181).

이러한 교수 전략들은 교수자와 학습자를 매개하는 내용을 '어떻게 하면 효과적으로 전달할 것인가' 라는 질문을 핵심적인 논의의 대상으로 삼는다. 이때 내용은 대체로 교육과정을 통해 사전에 구조화된 여러 가지 지식, 태도, 기능으로 구성된다. 그러한 구조화된 내용을 행동으로 옮기는 것을 일반적으로 교수-학습이라고 일컫는다. 교수-학습은 근본적으로 교수자의 교수 행위와 학습자의 학습 행위로 전개되는데, 이때 사용되는 어떠한 활동이나 과제를 흔히 학습활동 또는 학습과제라고 칭한다. 따라서 어떠한 학습 과제를 어떻게 활용하느냐는 교수학습의 효율성을 결정짓는 데 매우 중요한 관건이 된다. 이러한 학습 과제는 과제의 수행장소, 수행시간, 수행인원, 성격, 필수적 활동, 성적부과 여부 등을 기준으로 하여 분류된다. 특히 과제를 선정할 때에는 수업 목표와의 적합성, 고차적 지적 능력의 증진, 동기 형성의 가치, 연계성의 확보, 적정 수준의 난이도, 과제의 다양성, 실시 가능성과 비용 효과 등을 고려하여 제시하여야 한다(신명희, 2002: 217-232).

효과적 교수 전략은 기본적으로 학생들이 각자의 메타인지(meta-cognition)과정, 즉 자신의 학습이 이루어지는 과정을 자각하게 하는 것을 중요한 내용으로 다루고 있다. 이러한 초인지 과정을 통해 학습자들은 스스로 무엇을 생각하는지 검토하고, 구별 및 대조하고, 사고의 오류를 확인하고, 스스로 수정할 수 있다. 이는 곧 창의적 사고 및 비판적 사고능력으로 연결되기도 한다(Ornstein & Lasley Ⅱ, 박인우 옮김, 2006: 15-29). 특히 학업 성취도에 영향을 주는 수업 전략의 구체적 유형은 유사점과 차이점의 규명, 요약과 노트필기, 노력에 대한 강화와 격려, 숙제와 연습, 비언어적 표현, 협동학습, 학습목표의 설정과 피드백, 가설 진술과 검증, 질문·단서·선행조직자 등의 9가지 유형으로 제시되고 있다(Marzano, Pickering & Pollock, 홍영기 외 3인 옮김, 2002: 16-20).

궁극적으로 교수 전략의 검토를 비롯한 학습 설계에 관한 다차원적 검토는 실천이나 정체성을 목표로 두는 학습 설계에 해당한다고 할 수 있다. 이때 학습 설계는 대조되는 두 영역들로 구성된 실천의 이중성에 관한 네 가지 차원에 의해 설명될 수 있다. 첫째는 새로운 지식을 생산할 수 있는 설계의 상보적인 측면을 가리키는 참여와 객체화이다. 둘째는 실천의 수행과 정체성의 형성을 제공하는 기획성과 즉흥성이다. 셋째는 직접적인 관여의 한계성에 대한 확인을 시도하는 국지성과 전체성이다. 넷째는 의미를 협상하고 결정하는 힘이 되는 동일시와 협상력이다. 이러한 측면들에서 제시되는 실천의 이중성은 이분법적 선택의 문제가 아니라 어떤 관계에서 서로 상호작용을 하게 되는가, 그리고 그 양자 간의 선택이 아니라 조화의 정도를 어느 수준에서 어떻게 추구 하는가 하는 것이 교수-학습의 전략적 측면에 대한 해답을 제공하는 것이다(Wagner, 손민호·배을규, 2007: 334-342).

Ⅳ. 교재 개발의 실제

1. 교재 개발의 과정

(1) 과정의 명칭 선정

과정명은 '정보윤리 교육 및 역기능 예방 관련 교과서 및 멀티미디어 컨텐츠 개발'로 설정하였다. 교재 개발의 과정 자체가 사이버공간에서 청소년들의 비도덕적 행위 및 일탈행동의 예방을 목적으로 하는 것이므로 정보윤리 교육을 가장 중점적인 모토로 삼아 제시하였다. 또한 사이버 공간에 존재하는 다양한 순기능들을 인정하는 동시에, 그것이 지니는 역기능적인 측면의 문제점에 주목하여 그러한 문제를 청소년들이 실질적으로 극복할 수 있도록 과정을 구성하고자 하였다.

(2) 학습자 요구 조사

대상은 소년보호교육기관에서 교육을 받는 12세부터 20세 사이의 비행청소년으로 설정하였다. 소년보호교육기관은 보호관찰소와 소년원이 있다. 보호관찰제도는 죄를 범한 사람 중 재범방지를 위하여 보호관찰, 사회봉사·수강 및 갱생보호 등 체계적인 사회내의 처우가 필요하다고 인정되는 사람에게 지도·원호를 함으로써 건전한 사회복귀를 촉진하고, 효율적인 범죄 예방 활동을 전개함으로써 개인 및 공공의 복지를 증진함과 아울러 사회를 보호하는 것을 목적으로 하는 제도이다.

청소년의 경우 범죄를 저지르게 되면 경찰의 조사를 거쳐 검찰로 사건 송치가 이루어진다. 검찰에서는 죄질이 나쁜 범죄에 대하여 형사법원에 기소를 하게 되는데, 미성년자에 대해서는 형사 법원에서 소년교도소 이송 또는 소년부 송치의 처분을 받게 된다. 이때 소년부로 송치된 청소년은 법정심리가 이루어지는 날까지 소년 분류 심사원(소년감별소)에서 위탁생활을 하다가 법정심리를 통해 보호처분을 받게 된다. 이때 보호처분은 1호 보호자 또는 보호자를 대신하여 위탁감호하는 것, 2호 단기보호관찰, 3호 보호관찰, 4호 소년보호시설에 위탁 감호하는 것, 5호 정신병원 또는 요양원에 위탁 감호하는 것, 6

호 단기소년원 송치(이송) 하는 것, 7호 소년원에 송치(이송)하는 것 등으로 구분된다.

따라서 보호관찰 대상 청소년이나 소년원생들은 동일한 법적 절차에 따라 보호처분을 받게 된 것인데, 이들 중 일부는 직접적으로 사이버 범죄를 저질러서 보호처분을 받은 경우도 있지만, 다른 일부는 다른 범죄를 저지름으로 인해 교육을 받게 된 것으로, 학습자들은 고의건 과실이건 사이버 범죄와 연관이 되면 엄격한 처벌을 받게 되므로, 사이버 범죄에 대한 체계적 교육이 필요한 상황에 놓여 있다.

(3) 교재의 유형 결정

교재의 유형은 출판물과 멀티미디어 컨텐츠의 동시 제작 형태로 설정하였다. 출판물은 교과서 형태로 제작되어 보호관찰소와 소년원에 보급되어 지도교사 중심의 수업에서 사용할 수 있도록 준비하였다. 이와 더불어 개발되는 멀티미디어 컨텐츠는 법무부의 내부통신망과 연동되는 학사 운영 관리 플랫폼(Learing Management System)에 탑재되어 e-learning을 가능하게 하는 인프라적 특성을 갖도록 구성하였다.

(4) 교재 개발의 목적

각종 범죄로 인하여 보호관찰대상이 된 청소년 및 소년원생들에게 최근 심각한 사회 문제로 대두되고 있는 정보화 역기능에 대한 정확한 인식과 대처능력을 교육해 사이버 관련범죄 예방과 건전한 정보문화 정착을 유도하는 것을 목적으로 하였다.

(5) 과목 특성 분석

이 교재는 정보화 역기능에 대한 정확한 인식이 필요한 교과목에 해당된다. 또한 사이버 관련범죄 예방 및 건전한 정보문화 정착유도에 대한 필요성을 학습자가 정확하게 인식하도록 해야 할 필요가 있으므로, 이를 위해 실제 사이버 관련 범죄 사례와 그에 대한 대안 활동을 제시하였다.

또한, 교과서와 멀티미디어 컨텐츠의 학습 시간은 단원당 30분을 기준으로 하여 10개 단원을 조직하였다. 특히 학습 대상자가 만 12세부터 만 20세 까지의 청소년이므로 학습 활동이 게임과 유사하게 이루어지도록 하여 학습동기를 유발하고자 하였다. 또한, 이 과목은 추후 법무부에서 구축하고 운영할 예정인 교육종합관리시스템과 연동이 가능하도록 개발하여 내부통신망과 컴퓨터를 이용한 자율학습이 가능하도록 하였다.

(6) 교재 구6성의 원리(설계 기법)

이 과목은 Tutorial + Storytelling 형 교수설계기법을 이용하여 제작되었다. 도우미 캐릭터를 통하여 학습자 캐릭터가 지식을 습득하는데 가이드 역할을 하도록 하였다. 또한, 각 캐릭터 간에 다양한 관계를 설정하여 학습 흐름의 흥미를 유발하고자 하였다. 특히, 본시학습 전 애니메이션으로 학습 동기를 유발하고자 하였다.

정보 전달에 있어서는 텍스트 위주에서 벗어나 최대한 사례를 활용하여 내용의 핵심을 전달하고자 하였다. 또한, 다양한 관련 사례의 사용으로 학습자에게 문제 인식을 시킨 이후에 학습자에게 와 닿는 현실적인 대안 활동을 제시하고자 하였다. 본시 학습 후에는 퀴즈를 통하여 학습자가 인지한 부분을 재확인하고자 하였다.

(7) 교재 구성의 특징(학습 진행 프로세스)

① intro & index : 학습 시작을 알리고 본 과정의 10개 차시를 intro 화면에서 보여주어 학습자 스스로가 학습하고 있는 차시의 위치를 확인할 수 있도록 하였다.

② animation : 각 차시에 맞는 간단한 애니메이션으로 학습자의 흥미를 유발하고자 하였다.

③ 학습진행 : 각 목차에 해당하는 본시학습의 진행이 이루어지도록 하였다.

이때, 다양한 사례를 사용하며 현실적인 대안활동이 제시되도록 하였다.

④ quiz : 학습 이후 간단한 퀴즈로 학습 인지 여부를 확인하도록 하였다.

⑤ 내용정리 : 주요 학습 내용을 정리하도록 하였다.

⑥ ending : 학습자가 한 차시 학습을 끝내고 정리하며, 차시 예고를 통해 흥미의 지속을 추구하였다.

(8) 교수요목(curriculum)개발

교수요목의 개발과 선정은 사이버 범죄 및 사이버 일탈행위에 관한 연구 결과를 우선적인 검토의 대상으로 하였다. 연구자가 입수할 수 있었던 가장 최근의 연구 결과인 정보통신윤리위원회가 2006년 6

월에 실시한 조사는 '2006년 인터넷 정보 이용 실태 조사' 였다. 또한 이 자료는 한국정보사회진흥원에서 발간한 2007년 국가정보화 백서에 다른 자료와 함께 재정리·수록되었는데, 이에 의거하여 정리된 인터넷 역기능의 내용이 교수요목의 선정 근거로 활용 되었다.

먼저, 2007년 국가정보화 백서에서 제시하고 있는 인터넷 이용 시간을 살펴보면 우리 국민들의 인터넷 이용 시간은 주당 평균 13.7시간으로 제시되고 있다. 그러나 매일 5시간 이상 이용하는 주당 평균 35시간 이상 이용자들의 수는 11.2%로 제시되고 있어, 10명 중 1명은 인터넷을 매우 오랜 시간동안 사용하는 것으로 나타났다(한국정보사회진흥원, 2007: 237). 이 연구에서는 연령별 연구 또는 보호관찰 대상 청소년 및 소년원생들이 직접적인 연구의 대상으로 제시되지는 않았으나, 이러한 연구 결과를 원용하여 볼 때 가장 먼저 인터넷 중독에 관하여 논의가 이루어질 필요가 있을 것이다.

이어서 다루어지는 내용들은 인터넷 이용자 스스로가 인식하고 있는 가장 심각한 인터넷 역기능으로는 성인 음란물(77.5%)이 제시되고 있다. 역기능 중 사이버 폭력만을 분리해서 접근한 조사 분석에서는 가장 심각한 사이버폭력의 유형으로 개인의 명예훼손(77.0%), 언어폭력 등 모욕(66.3%), 사이버 성폭력(65.1%), 헛소문 유포(60.0%), 사이버 스토킹(29.1%) 등이 심각한 문제로 제시되고 있다(한국정보사회진흥원, 2007: 279-280).

이러한 조사결과 및 사이버 일탈행위에 관한 선행연구를 토대로 하고, 이에 사이버 범죄의 유형을 더하여 구성한 교수요목은 다음과 같다.

〈표 1〉 보호관찰 대상 청소년 및 소년원생들의 사이버 윤리의식 함양을 위한 정보윤리교육 교재의 교수요목

차시	단원명	학습내용
1	▣ 인터넷을 하고 싶다는 생각을 잠시도 멈출 수 없어요! (인터넷중독)	1) 관련규정 및 윤리적 측면에 대한 검토 2) 관련사례 1: 공짜게임 중독자 적발 치료 관련사례 2: 인터넷 게임에 몰두하던 19세 청소년 사망 3) 대안활동 1: K척도를 통해 나의 인터넷 중독 정도를 알아 봅시다. 대안활동 2: 인터넷 중독을 극복하는 데 도움이 되는 사이트를 방문해 봅시다.
2	▣ 인터넷에서 누군가 나에 대한 험담을 하고 다녀요! (명예훼손)	1) 관련규정 및 윤리적 측면에 대한 검토 2) 관련사례 1: 인터넷 게시판을 이용한 연예인 명예훼손 사범 검거 관련사례 2: 악플달던 나는 쓰레기 (네티즌 반성문) 3) 대안활동 1: 인터넷에서도 바르고 고운 말을 사용합시다. 대안활동 2: 사이버 명예훼손을 당했을 때 구제받을 수 있는 방법에 관하여 알아봅시다.
3	▣ 인터넷에서 누군가 나인 척하고 돌아다녀요! (개인정보침해)	1) 관련규정 및 윤리적 측면에 대한 검토 2) 관련사례 1: 대포통장을 수집해 판매한 업자 검거 관련사례 2: 여가수 홈페이지 해킹 후 협박한 대학생 검거 3) 대안활동 1: 윈도우즈 업데이트를 설정하고 무료 바이러스 백신을 다운받아 설치해 봅시다. 대안활동 2: 인터넷 서핑중에 조심해야 할 사항들과 웹브라우저의 설정에 관해 살펴봅시다.
4	▣ 영화파일을 공유했는데 경찰에 호출을 당했어요! (저작권침해)	1) 관련규정 및 윤리적 측면에 대한 검토 2) 관련사례 1: 콘솔게임CD 법복제의 대부 '플스여왕' 검거 관련사례 2: 일본 음란물 불법 유통의 핵심 '김본좌' 검거 3) 대안활동 1: 직접 뉴스를 만들어 언론사에 제보해 봅시다. 대안활동 2: 지적재산권을 침해하지 않고 미디어를 즐기는 방법에 대해 알아 봅시다.
5	▣ 인터넷으로 물건을 샀는데 배달이 되지 않아요! (입금사기)	1) 관련규정 및 윤리적 측면에 대한 검토 2) 관련사례 1: 직거래 장터를 이용한 명품 판매 사기꾼 검거 관련사례 2: 사이버 앵벌이 일당 검거 3) 대안활동 1: 안전거래 제도에 관해 알아봅시다. 대안활동 2: 직거래를 할 때의 주의점과 안전거레 재도에 관해 알아봅시다.

차시	단원명	학습내용
6	▣ 사이버머니와 게임아이템을 넘겨받지 못했어요! (사이버머니 사기)	1) 관련규정 및 윤리적 측면에 대한 검토 2) 관련사례 1: 인터넷 게임 '뮤' 아이템 판매 상습 사기범 검거 관련사례 2: 인터넷 게임 '리니지' 의 사이버머니 '아데나' 판매 사기범 검거 3) 대안활동 1: 현금으로 아이템을 거래하는 행동에 어떤 문제가 있는지 알아봅시다. 대안활동 2: 게임과 관련된 일에는 어떤 것이 있는지 알아봅시다.
7	▣ 인터넷에서 누군가 나를 따라다니며 계속 괴롭혀요! (사이버스토킹· 사이버성폭력)	1) 관련규정 및 윤리적 측면에 대한 검토 2) 관련사례 1: 연예인에게 상습 음란 메일을 보낸 여자스토커 구속 관련사례 2: 탤런트가 성관계 몰카 공개 협박하다 구속 3) 대안활동 1: 인터넷에서의 제한적 본인 확인제에 관해 알아봅시다. 대안활동 2: 내가 배워야 할 컴퓨터 활용 능력에 관해 알아봅시다.
8	▣ 인터넷으로 만난 사람에게 돈을 받고 몸을 줘버렸어요! (사이버윤락)	1) 관련규정 및 윤리적 측면에 대한 검토 2) 관련사례 1: 인터넷 성매매 일제단속 결과보고 관련사례 2: 인터넷을 이용한 청소년 사이버 성매매 (일명 원조교제) 처벌 3) 대안활동 1: 인터넷을 이용하여 좋은 일자리를 찾아봅시다. 대안활동 2: 성윤리에 관해 함께 생각해 보는 사이트를 방문해 봅시다.
9	▣ 인터넷의 힘을 휘둘러서 미움과 불만을 풀고 싶어요! (유해사이트)	1) 관련규정 및 윤리적 측면에 대한 검토 2) 관련사례 1: 인터넷 도둑 카페 적발 처벌 관련사례 2: 폭탄 제조 카페 적발 처벌 3) 대안활동 1: 두드림 프로젝트에 관해 알아봅시다. 대안활동 2: 미래 설계에 도움을 받을 수 있는 웹 사이트를 방문해 봅시다
10	▣ 다른 사람의 컴퓨터에 몰래 들어가 둘러보고 싶어요! (해킹과 바이러스유포)	1) 관련규정 및 윤리적 측면에 대한 검토 2) 관련사례 1: 해킹 프로그램으로 사이버머니를 찍어낸 범죄자 적발 관련사례 2: 증권사 투자상담사가 고객계좌 해킹 3) 대안활동 1: 내 컴퓨터를 지키는 방법에 관하여 알아 봅시다. 대안활동 2: 무료로 바이러스나 스파이웨어를 검사해 주는 곳을 알아봅시다.

2. 수업 설계 이론의 적용을 통한 교재 개발 사례

교재 개발의 사례는 5차시 '입금사기'의 사례를 제시하였다. 교재 개발 사례의 구체적 내용은 교재 구성의 특징인 학습 프로세스의 단계별로 제시하였다.

(1) 출판용 원고 사례

intro와 animation은 그림으로 제시될 것이다.

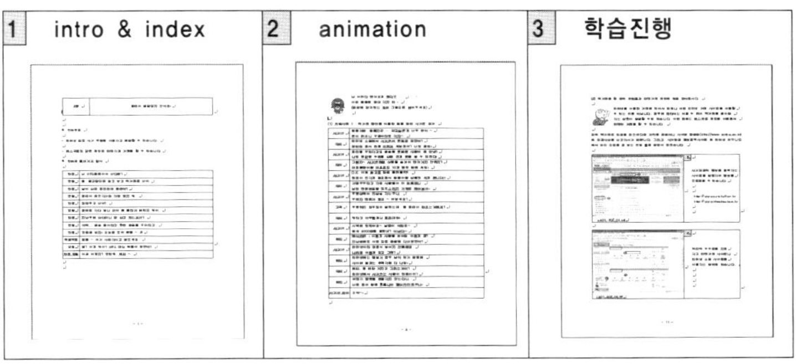

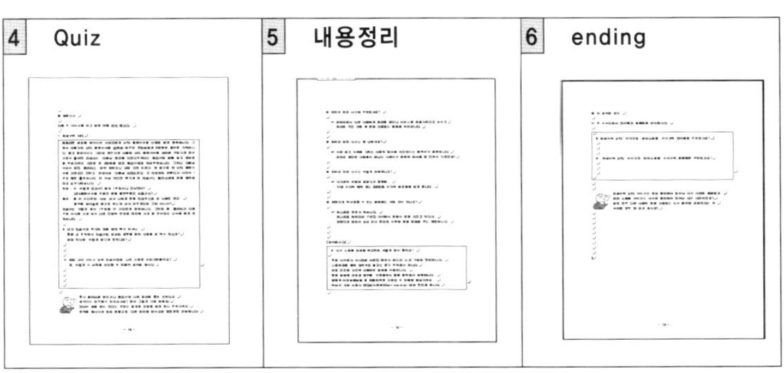

(2) 멀티미디어 자료 사례

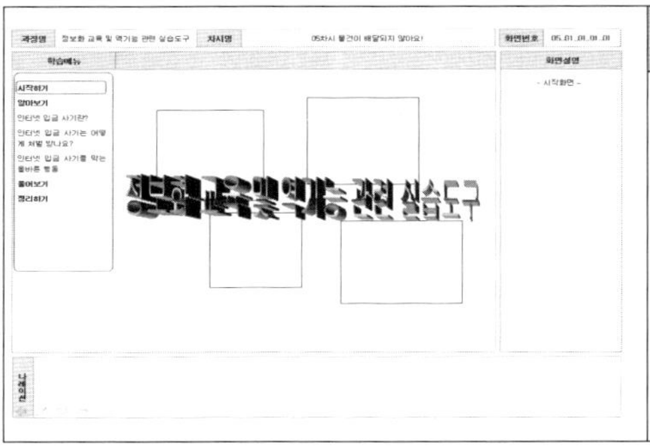

1 intro & index

2 animation

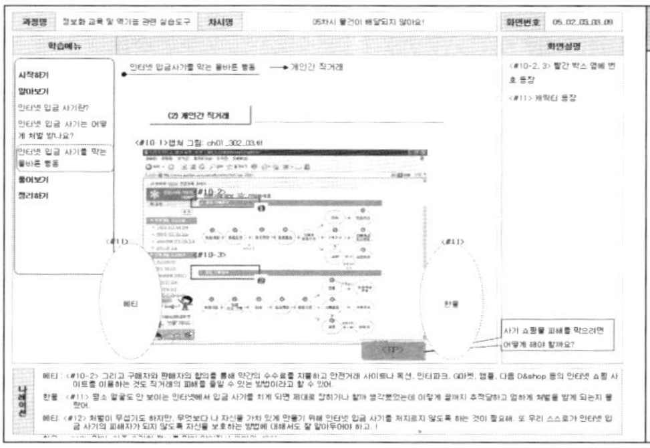

3 학습진행

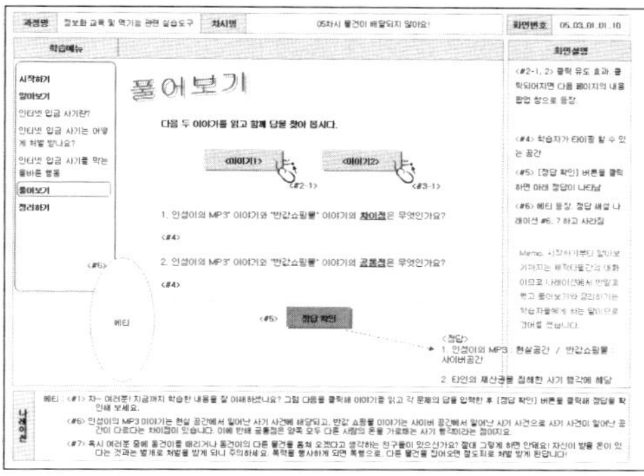

4 Quiz

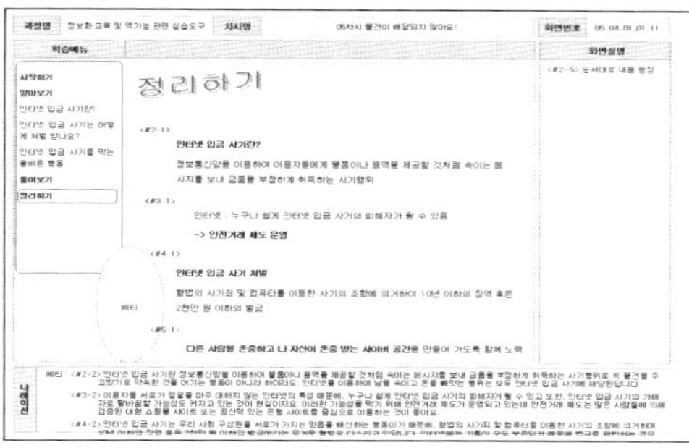

5 내용정리

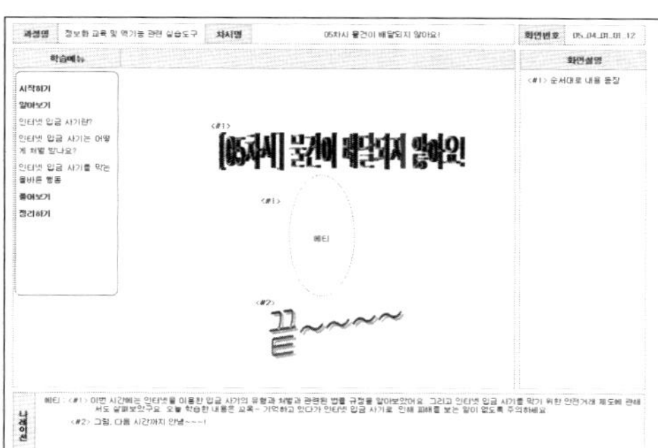

6 ending

먼저 도입 부분에서는 학습 목표를 제시하는 것으로 시작하였다. 이때 학습 목표는 행동적 용어로 진술함으로써 학습이 이루어진 이후에 교육 대상자들이 지녀야 할 행동의 변화를 구체적으로 제시하고자 하였다. 이와 더불어 도입 부분에서는 실생활과 밀접한 사례를 제시함으로써 교육 대상자들의 경험을 환기하고자 하였다. 특히 출판물에서는 만화 형태로 제시하는 동시에 멀티미디어 자료에서는 플래시 애니메이션 형태의 자료를 제공하여 청소년층이 위주인 교육 대상자들이 학습 내용에 관심을 갖도록 제시 하였다.

전개 부분에서는 인지적 내용과 정의적 내용이 함께 다루어지도록 구성하고자 하였다. 학습 전개의 첫 단계인 인지적 접근의 구성에서는 학습하고자 하는 주제에 대한 구체적인 의미에 관하여 살펴보도록 하고, 이러한 것들에 대한 역기능이 갖는 문제점에 관하여 직접적으로 제시하고자 하였다. 특히 이것은 관련된 법률 규정 및 처벌규정을 제시함으로서 경각심을 불러일으키고자 하였는데, 이것은 사회의 중요 가치를 직접적인 방법으로 전달하고자 하는 도덕 사회화의 시각을 바탕에 두고 제작하였다.

학습 전개의 두 번째 단계인 정의적 접근의 구성에서는 실제 처벌 사례에 관하여 제시함으로써 왜 정보윤리가 필요하며 그것을 위반한 사람들이 겪게 되는 것을 출판물에서는 만화로, 멀티미디어 교재에서는 플래시 애니메이션으로 접하도록 하여 학생들 스스로 민감하게 느낄 수 있도록 구성하고자 하였다.

학습 전개의 세 번째 단계인 행동적 접근의 구성에서는 사이버 윤리를 준수하면서도 자신이 원하는 일을 할 수 있는, 혹은 다른 형태로 청소년들 자신이 지니고 있는 문제를 해결할 수 있는 구체적인 형태의 실천 가능한 대안활동을 제시하고자 하였다. 보호관찰 대상 청소년 및 소년원생들을 대상으로 한 교육에서 염두에 두고자 한 점은 무엇인가를 하지 말라는 제한적인 의미에서의 윤리가 아니라, 적극적으로 자신이 찾아서 무엇인가를 할 수 있는 행동지향적 내용을 제시하고자 한 것이었다.

마지막 학습 정리의 부분에서는 앞서 배운 학습 내용을 정리하는 동시에, 직접 자신이 관련된 상황에 접했음을 가정하고 문제를 해결하도록 시도해 보는 자신의 도덕 이야기하기 방법을 위주로 실천적 문제 해결 능력을 배양하고자 하였다.

V. 결론 및 제언

우리 사회의 교육적 노력이 청소년들에게 초점을 맞추는 것은 우리 사회의 미래를 담보하기 위한 노력의 일환이라고 할 수 있다. 일탈의 개념이 사회 규범에 대한 가벼운 정도의 위반을 의미하는 것이라면, 청소년들의 일탈은 어느 정도 수준 까지는 사회 내에서 수용이 가능할 것이다. 그러나 일탈이 정도를 넘어서 청소년 범죄로 연결된다면, 이것은 특별히 사회에 해로운 행위를 법률로 규정하여 처벌 규정을 두는 것에 해당하므로 심각한 문제에 연루되었음을 의미하는 것이다.

청소년 범죄에 대응하는 처벌의 집행은 주로 사회 내 처우인 보호관찰 처분으로 연결되며, 경우에 따라서 소년원이라는 소년교정시설에 대한 수감 처분이 이용되기도 한다. 보호관찰 처분의 경우 일반적으로 사회봉사명령이 부과되고 있으며, 일정 시간 교육 또는 치료를 받도록 하는 전문 교화프로그램으로서 역할을 하는 수강명령의 경우 사이버 범죄 수강명령 프로그램이 현재 일부 영역에서 운영되고 있으며, 의미 있는 성과가 확인되고 있다. 하지만 그것만으로는 부족하여 사이버 범죄 예방을 위한 특강 형식의 교육이 시도되는 등 여전히 정보윤리교육과 관련한 다각적인 노력의 필요성이 강력하게 제기되고 있다.

이와 더불어, 소년교정시설에 수감되어 있는 비행청소년들에게 정보윤리교육을 실시하고자 하는 노력은 여전히 교재와 교육과정이 통일적으로 개발되어 있지 않다는 점에서 미흡한 점을 노정하고 있다. 특히 소년원으로 대표되는 소년보호 교육기관에 집중적으로 입원되어 있는 청소년의 경우, 직접적으로 사이버 범죄에 연루된 청소년에 대한 교정교육과 더불어 사전에 사이버 범죄에 대한 예방교육이 요구되고 있으므로, 본 연구에서 개발된 정보윤리교육의 자료는 교정과 예방의 양 측면에서 이렇게 미흡한 점을 보완하며 이용될 수 있을 것이다.

이와 같이 개발된 내용들은 보호관찰 대상 청소년 및 소년원생들의 인격을 기르는 데 도움이 될 수 있도록 하기 위한 인격교육 이론의 영역과도 맥락을 같이 하는 것이다. 사이버 공간에서의 문제점에 관하여 인지적 측면에서 이해하고, 정의적 측면에서 무엇이 어떻게 잘못되었는지에 관하여 민감하게 느낄 수 있도록 사례를 통하여 접근해 보며, 행동실천적 측면에서 대안활동을 통하여 사이버윤리를 실천하는 삶을 살 수 있도록 제시하고자 하였다.

인터넷을 매개로 한 범죄와 사이버 공간에서 일어나는 범죄에 연루되는 청소년 사이버 범죄사범의 숫자는 매년 빠른 속도로 증가하고 있다. 이러한 범죄를 막고 공동체의 책무성을 담보하기 위한 사이버윤리에 대한 교육적 노력은 현재까지 학교를 중심으로 이루어졌던 윤리교육의 외연을 적극적으로 확장하고자 하는 시도로 이해될 수 있을 것이다.

참고문헌

권성호·임철일 편 (2006), 『교육공학연구의 동향: 회고와 전망』, 서울: 교육과학사.

김성동 (2003), 『문화 - 열두 이야기』, 서울: 철학과 현실사.

김수정 (2004), "청소년의 정보통신 윤리의식과 사이버 비행과의 관계 연구", 『청소년복지연구』, 제6권 제1호, 서울: 한국청소년복지학회.

김진희·김경신 (2003), "청소년의 심리적 변인과 인터넷 중독, 사이버 관련 비행의 관계", 『청소년복지연구』, 제5권 제1호, 서울: 한국청소년복지학회.

김항인 (2007), "도덕과 교육에서 교육공학 활용의 현황과 발전 방향", 한국도덕윤리과교육학회, 『도덕·윤리 교과의 미래와 교과 경쟁력 강화: 2007년도 한국도덕윤리과교육학회 제18차 연차학술발표대회 자료집』, 서울: 한국도덕윤리과교육학회.

박성익 외 7 공저 (2001), 『교육공학 탐구의 새 지평』, 서울: 교육과학사.

박성익·임철일·이재경·최정임 공저 (2005), 『교육방법의 교육공학적 이해』, 서울: 교육과학사.

박인학 (2002), 『교사를 위한 교재연구 및 지도법의 이해』, 서울: 대왕사.

서울특별시·자녀안심운동 서울협의회 (2000), 『청소년 문제행동의 이해』, 서울: 자녀안심운동 서울협의회.

신명희 (2002), 『교수방법의 심리적 기초』, 서울: 학지사.

윤영민 (2001), “사이버공간의 청소년 행동: 정책 개발을 위한 이론적 탐색”, 『청소년학연구』, 제8권 제2호, 서울: 한국청소년학회.

임철일 (2006), 『교수설계이론: 학습과제 유형별 교수 전략』, 서울: 교육과학사.

한국정보문화진흥원 (2006a), 『2005 청소년 사이버범죄사범 보호관찰 지원 효과 분석 연구: 수강명령프로그램을 중심으로 (연구보고 06-01)』, 서울: 한국정보문화진흥원.

한국정보문화진흥원 (2006b), 『사이버범죄사범 분류체계 확립방안에 관한 연구 (연구보고 06-08)』, 서울: 한국정보문화진흥원.

한국정보사회진흥원 (2007), 『2007 국가정보화백서』, 한국정보사회진흥원.

한정선 외 3 (2004), 『교육공학: 인포맵을 통해 찾아 본 뿌리와 줄기』, 서울: 교육과학사.

한종욱 (2001), “청소년 사이버 비행자의 사회유대요인에 관한 연구”, 『한국경찰학회보』, 제3호, 서울: 한국경찰학회

Dick, Walter, Lou Carey, James O. Carey 지음, 최수영·백영균·설양환 옮김 (2003), 『체제적 교수 설계』, 서울: 아카데미프레스.

Dick, Walter, Robert A. Reiser 지음, 이명기 옮김 (1995), 『수업설계의 이론과 실제』, 공주: 공주대학교 출판부.

Driscoll, Marcy P. 지음, 양용칠 옮김 (2004), 『수업설계를 위한 학습심리학』, 서울: 교육과학사.

Eggen, Paul D., Donald P. Kauchak 지음, 임청환·권성기 옮김 (2006), 『교사를 위한 수업전략』, 서울: 시그마프레스.

Hyman, Ronald T. 지음, 권낙원 옮김 (2001), 『교수방법』, 서울: 도서출판 원미사.

Kame'enui, Edward J. 외 5인 지음, 이대식·이창남 옮김 (2005), 『모든

수준의 학생들을 위한 수업설계 및 교재개발의 원리: 각 교과별 적용 예』, 서울: 시그마프레스.

Marzano, Robert J., Debra J. Pickering, Jane E. Pollock 지음, 홍영기 외 3 옮김 (2002), 『성공적인 수업으로 가는 아홉 가지 수업전략』, 서울: 양서원.

Mills, E. Geoffrey 지음, 강성우 외 9 옮김 (2005), 『교사를 위한 실행연구』, 서울: 우리교육.

Ornstein, Allan C., Thomas J. Lasley II 지음, 박인우 옮김 (2006), 『교수전략』, 서울: 아카데미프레스.

Reigeluth, Charles M. 편저, 최욱 외 9 옮김 (2005), 『교수설계 이론과 모형』, 서울: 아카데미프레스.

Smith. P. L., Thomas J. Ragan 지음, 김동식·정옥년·장상필 옮김 (2002), 『교수설계이론의 탐구』, 서울: 도서출판 원미사.

Sotto, Eric 지음, 전성연·이용운·김남경 옮김 (2003), 『학습과 교수에 대한 이해: 교사와 학생의 상호작용』, 서울: 교육과학사.

Spinello, Richard 지음, 이태건·노병철 옮김 (2001), 『사이버윤리: 사이버 공간에 있어서 법과 도덕』, 서울: 인간사랑.

Wagner, Etienne 지음, 손민호·배을규 옮김 (2007), 『지식창출의 사회생태학: 실천공동체』, 서울: 학지사.

6장 시민성 교육을 위한 수업모형의 이론과 실제: 블렌디드 러닝을 이용한 토론학습을 중심으로

Ⅰ. 서론

'수업 모형' 이라는 용어는 교사들 사이에서 자연스럽게 많이 사용되는 용어이다. 특히 수업 공개를 비롯하여 신경을 써야 될 수업의 경우에는 수업 모형의 선정 및 적용에 대해 더욱 여러 가지 고려를 하게 된다. 이와 같이 수업 모형이라는 용어는 일반적으로 통용되는 용어가 되었지만, 그렇다고 용어에 대한 완전한 합의가 이루어진 것으로 보이지는 않는다. 따라서 일반적으로 통용되는 정의를 종합하여 수업 모형의 특징을 추출해 내는 것이 수업 모형과 관련된 논의의 전개를 위해 필요하다고 본다.

일반적으로 학교 현장에서 수업 모형은 '수업 목표를 효과적으로 도달하기 위해 체계화시킨 교수 학습의 과정 및 절차'로 이해되고 있다. 교사용 지도서에도 교과 영역에 따라 '수업 전개의 절차' 또는 '수업 모형' 등의 용어를 동시에 사용하고 있는 실정이다. 이러한 수업 모형은 수업 목적을 효과적으로 달성하기 위한 전략이며, 수업 현상을 구성하는 변인들 간의 관계를 단순화시킨 형태인 동시에 수업 과정에 따라 특징적 사태를 중심으로 체계화시킨 계획이라고 설명될 수 있다.

수업모형을 교수-학습활동의 한 바람직한 과정과 절차라고 한다면, 그것은 학생들로 하여금 학습하도록 하기 원하는 특정한 인성의 구성요소를 학생들에게 진정으로 형성시키기 위해, 그에 필요한 적절한 과정과 활동들을 관련 이론과 실제 경험들을 토대로 체계화 한 하나의 틀이라고 할 수 있다(유병열, 2003: 319-320).

우리는 주로 수업모형은 어디선가 우리에게 사용하도록 주어지는 것으로 알고 있다.그러나 어떤 종류의 것이든 수업모형은 각각 나름대로 타당한 근거가 있지만 어떤 고정된 틀로서 반드시 그대로 따라야만 할 대상은 아니다. 그것은 수업을 잘 해 보기 위한 의도에서 만들어지고 수정되어 온 것이며, 우리의 새로운 필요와 이해에 따라 한 수업모형 안에서도 선별적인 선택과 강조를 달리 할 수 있다(곽병선, 1996: 1-14).

시민성 교육을 시민의 자질 함양이라고 본다면, 시민성의 구성 요소에 대한 분석은 그것을 어떻게 보아야 할 것인지에 대한 기초적인 논의를 통하여 밝혀질 수 있을 것이다. 그러나 이러한 시민성의 본질에 대한 논의는 이 글의 범위에 두지 않고 다만 시민성을 일반적으로 일컬어지는 민주 시민적 자질로 상정하여 이해하고자 한다. 대신, 이러한 민주 시민적 자질의 향상을 위하여 온라인 공간과 오프라인 공간을 통합할 수 있는 방안으로 e-learning 영역에서 최근 주목받고 있는 블렌디드 러닝(Blended-Learning) 의 방안을 시민성 교육을 위한 토론학습 모형에 응용하고자 한다.

이를 위하여 먼저 블렌디드 러닝의 이론적 배경을 살펴본다. 다음으로 시민성 교육을 위한 블렌디드 러닝 수업모형을 설계 및 적용한다. 이어서 시민성 교육에 있어서 블렌디드 러닝이 주는 시사점을 정리한다.

Ⅱ. 블렌디드 러닝 수업모형의 이론적 배경

1. 블렌디드 러닝(Blended-Learning)의 개념

어느 한 가지 교수-학습방법 보다는 다양한 교수-학습방법을 혼합하여 적용하면 학습효과 뿐만 아니라 시간과 비용의 측면에서 효율성을 증진시킬 수 있다. 이렇게 여러 가지 교수-학습 방법을 혼합할 경우, 시간 및 비용 측면에서의 효율성 증진과 함께 학습자들의 학업성취도와 만족도가 높아진다는 기존의 연구결과가 존재한다. 특히, 이러한 효율성에 대한 추구는 최근 전통적 교실수업과 온라인 학습의 혼합을 통하여 효과적인 교수-학습을 수행하고자 하는 움직임으로 나타나고 있다. 이렇게 두 가지 이상의 교수-학습 전략을 혼합하여 사용하는 방식은 예전부터 통합형 학습, 혼합형 학습 등의 이름으로 불리우고 있었으나 최근 들어 블렌디드 러닝이라는 명칭으로 통칭되고 있는 추세이다.

블렌디드 러닝이란 학습 효과를 극대화하기 위하여 두 가지 이상의 다양한 학습전략과 학습방법 및 기술들을 혼합하여 학습 환경을 최적화하는 전략적 학습과정이라고 정의할 수 있다(Mantyla, 2001: 14-30). 이것은 '새로운 이름의 옛 친구(An ond friends gets a new name)' 이라는 표현(smith, 2001)으로 소개되듯이 완전히 새로운 개념이 아니라 예전부터 있었던 시도들의 새로운 이름이라고 말할 수 있다. 이렇게 두 가지 이상의 교수-학습 전략을 혼합하여 사용하는 방식은 예전부터 통합형 학습, 혼합형 학습 등의 명칭으로 불리우기도 하였다. 그러나 이 글에서 사용하고 있는 블렌디드 러닝은 단순한 통합이나 혼합에 그치는 것이 아니라, 학습효과를 극대화하기 위해 온라인과 오프라인 교육 그리고 다양한 교수-학습방법을 구성적 통합의 측면에서 고려하여 혼합하는 것으로부터 착안된 개념이다.

초기의 블렌디드-러닝 전략은 주로 전통적인 면대면 교실 수업과 온라인 학습을 통합하는 방식에 관심을 두었으나, 최근에는 온라인과 오프라인의 통합 뿐만 아니라 교수-학습 전략, 교수 매체, 학습목표 등의 혼합까지를 그 범위로 두고 있다. 그러나 블렌디드-러닝의 방법은 특별히 제한이 없기 때문에 교육기관이 처한 환경이 각기 다른 만큼 혼합의 형태도 매우 다양하게 이루어지고 있다. 이러한 혼합의 형태는 먼저 다양한 웹 테크놀로지간의 조합, 웹기반 학습과 면대면 학습간의 조합, 다양한 교육학적 접근방법론 간의 조합, 학습과 업무 간의 조화로운 효과를 창출하기 위한 교육공학과 업무과제간의 조합 등의 네 가지 개념으로 정리된다(Driscoll, 2002: 54-56).

이러한 블렌디드 러닝의 개념 확산은 현대에 유행하는 퓨전(fusion)문화, 디지털과 아날로그의 만남, 업무현장과 교육현장의 밀착으로부터 출현했다고 이해된다. 여기서 블렌디드라는 의미는 교육적인 차원의 전통적 교육과 온라인 교육의 합성이라는 공간 차원의 연계뿐만 아니라 다양한 차원의 영역으로도 활용될 수 있는데, 이는 학습의 주제에 따라 자기주도 학습과 그룹기반 학습의 연계, 컨텐츠의 통합 등을 의미한다(김도헌, 2003: 54-57).

이러한 블렌디드 러닝이란 적합한 시간에 적합한 사람에게 적합한 기술을 개인에게 적합한 학습스타일에 맞추기 위해 적합한 학습관련 기술을 적용함으로써 학습 목표 (learning objectives)성취에 초점을 두는 것이라고 정의되기도 한다. 이러한 정의는 다음과 같은 네 가지 원칙을 따른다. 첫째, 전달 방법보다 학습 객체에 중점을 둔다. 둘째, 더욱 많은 학습자의 접근을 지원하기 위해 다양한 개인의 학습 스타일이 필요하다. 셋째, 서로 다른 지식을 학습 경험에 개입시킨다. 넷째, 많은 경우 가장 효과적인 학습 전략은 '내가 필요한 것을, 필요한 시간에' 이다(Singh & Reed, 2001).

이러한 블렌디드 러닝의 영역과 요소는 다음과 같이 정리할 수 있다.

〈표 1〉 블렌디드 러닝의 영역과 요소(임정훈 외 2, 2003: 3-20)

블렌디드 러닝 영역	요소
학습환경	온라인 사이버 학습 오프라인 교실 학습
학습목표	인지적 목표 정의적 목표 행동적 및 실체적 목표
학습내용	구조화된 학습 내용 비구조화된 학습 내용
학습시간	실시간 비실시간
학습장소	교실 수업 교실 밖 체험 현장 수업
학습형태	개별학습 협동학습 일체학습
학습매체	텍스트 자료 오디오 기반 매체 비디오 기반 매체 멀티미디어 기반 매체 컴퓨터 및 인터넷 기반 매체
상호작용 유형	학습자 - 학습내용 학습자 - 교수자 학습자 - 학습자 학습자 - 커뮤니티
평가방법	지필평가 자기성찰 평가 수행평가
교수-학습 전략	강의식 토론식 PBL 등

2. 블렌디드 러닝의 형태

블렌디드 러닝은 그 혼합 형태에 따라 다음과 같은 다섯 가지로 구분된다. 첫째, 온라인과 오프라인 학습의 혼합이다. 이는 가장 단순한 차원의 분류로서 전통적인 교실수업인 오프라인의 수업형태와 인트라넷 또는 인터넷을 활용한 온라인 수업형태의 혼합을 말한다. 예를 들어, 교사주도의 집합교육을 중심으로 하고 웹을 통해 학습자료와 연구자료 등을 제공하는 형태의 교육과정을 들 수 있다. 둘째, 자기주도적 학습과 실시간 협력학습의 혼합이다. 이는 혼자서 지식을 수집하고 관리하여 수행하는 자기주도적 학습과 지식을 많은 사람들이 공유하고 활발한 의사소통을 통해서 수행하는 학습인 협동학습을 결합하는 것을 말한다. 이러한 혼합은 학습공동체를 구축하여 동료와의 관계를 통해 계속해서 새로운 지식을 만들어내는 혼합형이다. 셋째, 구조적 학습과 비구조적 학습의 혼합이다. 모든 형태의 학습이 미리 계획되며, 구조적이거나 형식적이지는 않다. 사실 업무현장에서 대부분의 학습은 협의회나 복도에서 나누는 대화 또는 e-mail 등의 비구조적인 형태로 이루어진다. 이러한 형태의 혼합교육과정은 비구조적인 형태의 학습 이벤트를 통해 활발한 대화를 이끌어 내도록 설계된다. 넷째, 일반적인 학습 컨텐츠와 학습자가 구성하는 컨텐츠의 혼합이다. 자신의 필요에 따라 이미 다른 사람에 의해 객체화되어 있는 지식의 단위를 가져와 자신에게 적합한 학습 컨텐츠로 만드는 것이다.

이렇게 다양한 교수-학습 방식들을 블렌딩하는 목적은 무엇보다도 학습효과를 극대화하기 위한 것이다. 다양한 학습자들이 학습내용을 최대한 효율적으로 습득하게 하기 위해서는 학습자의 관심을 이끌어내야 하며, 이를 위해서 그들의 학습스타일에 적합한 다양한 방법들을 혼합해 제공하는 것이다.

또한, 학습 기회를 확대시키기 위해서도 필요하다. 한 각지 방식으로는 내용을 전달할 수 있는 범위가 한정될 수밖에 없으며, 자칫 원하는 결과를 달성하지 못할 수도 있다. 오프라인과 온라인을 결합하는 것도 그 때문이다.

비용과 시간에 관한 문제 또한 중요한 사항이다. 블렌디드 러닝은 학습 프로그램의 개발이나 과정 실행에 있어 적절한 방법을 혼합함으로써 시간과 비용을 최적화할 수 있다. 온라인 형태의 경우 개발비용은 많이 들지만 실행에 드는 비용은 최소화할 수 있고, 오프라인 방식은 실행에 드는 비용이 비교적 높은 편이나 시간활용을 집중시킬 수 있는 장점이 있다. 따라서 블렌디드 러닝은 무조건 저비용만 고려하는 것이 아니라 효과성을 동시에 고려하는 방법이 된다(Singh & Reed, 2001).

Ⅲ. 블렌디드 러닝 수업모형을 이용한 토론학습의 실제

1. 블렌디드 러닝을 이용한 토론학습의 단계

블렌디드 러닝을 이용한 토론학습의 단계는 다음과 같은 6단계로 정리할 수 있는데, 이를 도표로 나타내면 다음과 같다.

〈표 2〉 토론학습을 위한 블렌디드 러닝 수업 모형 (김주영, 2005: 69-72).

기본단계	진행절차	블렌디드 러닝 전략 요소				
		학습환경	학습형태	학습매체	학습시간	교수방법
학습목표 확인 수업방법 안내	학습목표 및 주제 이해 전반적인 수업 진행 방식에 대한 설명 및 안내	온오프			실시간	
↓ 자료제시	온라인커뮤니티개설, 웹게시판에 토론자료제시 교실에서 토론관련 자료배부	온오프	협동	교재 신문 영화	실시간	
↓ 토론활동	의사표현 및 논쟁 토론의견 비교, 결과정리 토론활동 평가	오프	협동		실시간	토론토의

강의	기본적 학습내용에 대한 강의 온라인에 참고학습자료 제공	오프	일제	교재	실시간	강의
온라인학습	자료찾기, 과제해결 자신의 견해와 타인의 견해 비교분석 과제 평가	온	개별	책 인터넷 신문	비실시간	자기주도학습
과제 피드백· 공유	상호 피드백 과제결과 공유 토론과정 반성	오프	협동일제		실시간	발표강의

첫 번째 단계는 학습 목표 및 수업 방법 안내이다. 이 단계에서 교수자는 학습자들에게 학습목표와 전체적인 수업 방법을 안내한다. 다양한 교수-학습 방법을 활용함에 있어서 학습자들이 혼란을 느끼지 않고, 수업에 적극적으로 참여할 수 있도록 하기 위해 교수자는 학습목표와 함께 전체 수업이 진행되는 방식을 안내하는 것이 필요하다. 이 과정은 오프라인 교실환경에서 이루어진다.

두 번째 단계는 자료 제시 단계이다. 교수자는 학습자들의 토론주제에 대한 발산적 사고활동을 촉진시키기 위해, 학습자들이 전반적인 이해를 하면서 다양한 하위주제들을 자연스럽게 탐색하도록 한다. 학습자들은 안내된 학습목표와 대주제에 맞는 하위주제들을 자연스럽게 탐색할 수 있다. 이때 토론주제 선정은 오프라인 수업에서 하는 것보다는 온라인에서 이루어질 수 있도록 한다. 교수자가 온라인 커뮤니티에 대주제와 참고자료 등을 미리 게시해 놓으면 학습자들은 토론하고 싶은 세부 주제들을 제안할 수 있다. 온라인 커뮤니티에서 토론 주제가 선정되면, 교수자는 학습자들의 토론주제에 대한 이해와 관심을 높이고 토론을 활성화시키기 위한 자료를 준비한다. 단순히 말로 상황을 설명하거나 제시하는 것 보다는 현실에서의 실제적인 상황이나 문제를 제시하는 것이 토론의 활성화에 더욱 도움이 될 수 있으므로, 다양한 매체를 이용할 수 있도록 한다. 신문 기사와 영화 등이 대표적인 매체로 사용될 수 있을 것이다.

세 번째 단계는 토론 활동이다. 다양한 매체를 통해 토론 주제에 대한 흥미와 의식을 높인 후에 본격적인 토론 활동에 들어간다. 토론 활동은 상황에 따라 집단 토론을 하거나 그룹 토론을 할 수 있으며, 집단 토론을 한 후 의견에 따라 그룹 토론을 할 수도 있다. 또한, 동일한 입장으로 맺어진 각 그룹의 구성원들은 학습자 개개인이 획득한 정보와 논거들을 공유하고, 이를 바탕으로 상황에 대한 의사표현을 하게 된다. 또한 표현된 의견들은 학습자 개인별 또는 각 입장별로 논쟁이 이루어지면서 입장에 대한 타당성과 논리를 형성해 간다. 토론이 마무리 되면, 그룹별이나 입장별로 의견을 발표하여 전체 학급이 공유될 수 있도록 한다. 한편 이때 이루어지는 토론활동은 교실수업에서 오프라인 토론활동으로 진행하도록 하며, 필요에 따라서는 실시간 온라인 채팅이나 비실시간 게시판 이용 등을 통해 토론상황에 대한 논의를 더욱 진행시킬 수 있다.

네 번째 단계는 강의이다. 학습자들이 토론 활동을 통해 주제에 대한 인식을 형성할 수 있게 되었다면, 교수자는 학습자들이 알아야 할 기본적인 이론적 지식에 대해 설명을 한다. 이는 특히 학습에 필요한 이론적 내용이 많을 때 특히 유용한데, 토론 활동만을 통해서는 방대한 내용을 습득하기 어렵기 때문이다. 그러나 강의식 수업이라고 해서 단순히 교수자가 학습자에게 많은 내용을 주입하기 위한 것이 아니라, 토론 과정에서 도출된 원리나 개념이 이론적으로는 어떻게 설명되고 있는지를 확인시키고 토론 내용을 정리하는 의미로써 활용하는 것이 바람직하다. 이 단계는 토론 활동이 끝난 직후에 오프라인 교실 학습 상황에서 이루어진다.

다섯 번째 단계는 온라인 학습이다. 이 단계는 온라인, 개별 학습 중심으로 이루어진다. 즉, 토론과 정리 강의를 통해 학습을 하고 난 후, 교수자는 학습자들이 보다 심층적인 학습을 할 수 있도록 하기 위하여 온라인 상황에서 학습자 스스로 자료를 찾고 의견을 정리하는 과제를 제출하고, 하나의 이슈를 두고 온라인 토론을 한다. 학습 자료는 신문, 비디오, 책, 인터넷 등 주제와 관련된 것은 어느 것이든 자유롭게 활용할 수 있다. 이러한 과정을 통해 교수자는 학습자들이 자기 주도적 학습을 할 수 있도록 유도한다. 또한 학습자들은 서로의 과제와 교수자의 피드백을 공유하여 자신의 과제 수행 결과와 비교해 볼 수 있다. 과제의 해결을 위한 자료 검색 등은 개별활동을 원칙으로 하지만, 온라인 커뮤니티를 통해 질문이나 정보의 공유 그리고 학습자 상호간 및 교수자와의 커뮤니케이션이 가능하다. 교수자는 학습자들이 제출한 과제에 대한 적절한 피드백을 온라인 커뮤니티를 통해 줄 수 있어야 한다.

여섯 번째 단계는 과제에 대한 피드백 및 공유 이다. 학습자들이 개별 학습을 하여 온라인 커뮤니티에 과제를 제출하면 교수자는 역시 온라인 상에서 간단한 피드백을 주고, 이를 온라인 활동으로만 끝내는 것이 아니라 오프라인 교실 수업에서 다시 한번 내용을 정리하고 학습자들 끼리 의견을 공유하도록 유도하며 피드백을 줄 수 있어야 한다. 이는 온라인에서의 부족했던 피드백을 보충할 수 있을 뿐만 아니라, 지금까지의 토론활동과 수업 내용 그리고 과제 수행을 정리하는 활동으로서 의미를 갖는다.

2. 블렌디드 러닝을 이용한 토론학습의 적용 사례

블렌디드 러닝을 이용한 토론학습을 중학교 2학년(8학년) 1학기 『도덕』 과목에서 "Ⅰ. 사회생활과 도덕" 단원의 "2. 현대사회와 시민윤리" 단원 중 "(1) 시민 사회와 시민의 자질" 제재에 적용하여 보았다. 이 단원을 설정한 이유는 이 단원은 현대 사회의 도덕적 문제점과 이를 해결하기 위해 우리가 어떤 시민 윤리를 가져야 할 것인가에 대하여 알아보려는 것에 해당하기 때문이다. 이 단원에서는 교육과정상의 전시 학습에서 제시되는 전통도덕과 관련하여 우리 사회의 도덕 문제를 극복하기 위해 우리가 갖추어야 할 민주시민의 자질과 덕목들을 탐구해 봄으로써 민주 시민으로서의 자세를 길러주고자 한다. 이때 우리 전통윤리를 계승하면서 서구의 민주적 시민윤리를 적극적으로 수용하여, 두 윤리를 잘 조화시켜 민주 시민으로 나아갈 수 있는 방향으로 지도해야 한다.

(1) 학습 목표 및 수업단계의 안내

<table>
<tr><td>단원 학습 목표</td><td colspan="6">·시민윤리의 필요성에 관하여 이해한다.
·시민으로서 가져야 할 시민윤리의 기본 정신을 말할 수 있다.
·중학생으로서 시민윤리를 실천하는 자세를 가진다.</td></tr>
<tr><th>소단원 (주제)</th><th>학습주제</th><th>시수</th><th>주요 교수·학습활동</th><th>적용 학습 모형</th><th>수업 형태</th><th>수업 자료</th></tr>
<tr><td rowspan="2">(1) 시민사회와 시민의 자질</td><td>[1] 시민사회의 성장과 특징</td><td>1</td><td>·시민사회의 성장과정
·시민사회 성장과정에서의 문제점
·서구 시민사회의 수용</td><td>블렌디드 러닝 토론학습 모형</td><td>개별학습
전체학습</td><td>·과제물
·ICT 활용 과정안</td></tr>
<tr><td>[2] 시민의 자질</td><td>1</td><td>·시민사회의 이념과 조건: 인간존엄, 자유평등
·시민 사회의 구성원으로 준수할 조건과 시민의 자질: 민주주의 원리에 대한 인식과 헌신, 법의식과 공공질서 준수, 민주적 절차의 숙달과 참여, 합리적 의사결정</td><td>블렌디드 러닝 토론학습 모형</td><td>개별학습
전체학습</td><td>·동영상 자료
·ICT 활용 과정안</td></tr>
</table>

(2) 자료제시

- e-class를 위한 인터넷 커뮤니티 게시판의 생성
- 보조 관리자 학생 지정
- 학습 목표의 제시: 시민윤리와 관련된 내용에 어떠한 것이 있는지 알아 봅시다.
- 참고 자료의 게시: 시민윤리와 관련된 인터넷 자료의 검색 과제 부과, 시민윤리를 잘 지킨 사례와 잘 지키지 않은 사례의 동영상 및 플래쉬 자료 등록

- Flash animation: 어린이 공화국, 더 많은 의견으로, 적은 의견이라도 … 등
- 동영상 자료: 얼굴없는 천사, 시민이 강도 잡아, 사랑의 손길 … 등
- 기타 그림 및 사진 자료
- 현실과 밀접하게 연관된 가상적 딜레마 상황 제시

(3) 토론활동
- 주제의 선정
- 집단 토론 활동과 그룹 토론 활동의 조합
- 개개인의 의사 표시에 중점을 두고 진행
- 그룹별 및 집단별 의사의 수렴 및 발표는 오프라인 교실 상에서 진행
- 온라인 실시간 채팅이나 비 실시간 게시판 진행은 온라인 상에서 진행

(4) 강의
- 학습자들이 알아야 할 기본적인 이론적 지식에 대해 설명: 시민사회는 무엇이고 시민 윤리는 어떠한 것인가?
- 토론 과정에서 도출된 원리나 개념이 이론적으로는 어떻게 설명되고 있는지를 확인시키고 토론 내용을 정리하는 의미로써 활용
- 토론 활동이 끝난 직후에 오프라인 교실 학습 상황에서

실시

(5) 온라인 학습

- 학습자들이 보다 심층적인 학습을 할 수 있도록 하기 위하여 온라인 상황에서 학습자 스스로 자료를 찾고 의견을 정리하는 과제를 제출:

  ex) 시민들이 지녀야 할 자세에 대하여 더 깊이 조사해 봅시다.
- 학습자들이 자기 주도적 학습을 할 수 있도록 유도
- 학습자들은 서로의 과제와 교수자의 피드백을 공유하여 자신의 과제 수행 결과와 비교
- 과제의 해결을 위한 자료 검색 등은 개별 활동을 원칙으로 하지만,
- 온라인 커뮤니티를 통해 질문이나 정보의 공유 그리고 학습자 상호간 및 교수자와의 커뮤니케이션이 가능
- 온라인 커뮤니티를 통해 학습자들이 제출한 과제에 대한 적절한 피드백을 제시

(6) 과제에 대한 피드백 및 공유

- 학습자들이 개별 학습을 하여 온라인 커뮤니티에 과제를 제출
- 교수자는 역시 온라인 상에서 간단한 피드백을 제시
- 오프라인 교실 수업에서 다시 한번 내용 정리, 학습자들간 의

견 공유 유도

- 온라인에서의 부족했던 피드백을 보충
- 지금까지의 토론활동과 수업 내용 그리고 과제 수행을 정리하는 활동

Ⅳ. 시민성 교육을 위한 블렌디드 러닝 수업모형의 시사점

1. 미래 사회의 교육적 요구에 대한 부응

블렌디드-러닝에 대한 연구는 기업환경을 중심으로 한 것이 대부분이다. 그런데, 기업에서는 e-learning이 모든 교육을 해결해줄 것이라는 환상에서 벗어나 전통적 교육과 e-learning의 장점을 살린 새로운 개념의 교육훈련체계를 모색하고 있다. 이와 더불어 대학을 비롯한 각급 학교에서도 일제식 교육에 사이버 학습공간을 접목하여 활용하는 추세 또한 활발하다. 특히, 2008년부터 교육 분야에서 전면적인 주5일제 수업이 확산될 경우 학생들이 그만큼 교실 이외의 공간에서 활동하는 시간이 길어지기 때문에, 일부는 교실 수업으로 진행되고 일부는 사이버학습활동으로 진행되는 새로운 개념의 교수-학습 모형을 도입함으로써 변화하는 교육환경의 요구에 적합한 미래의 선도적 교수-학습 활동 모형을 탐색할 필요가 있다(임정훈 외 2, 2003:

3-20).

후기산업사회 및 지식정보화라는 용어로 상징되는 미래사회에 있어서 교육의 형태는 정보통신기술의 비약적인 발달을 바탕으로 하여 학교교육이 전통적으로 가지고 있는 시간적 한계 및 공간적 한계를 넘어설 수 있게 될 것이라는 점이 주지의 사실이다. 이러한 양태는 학교와 학생들이 공간적으로 멀리 떨어져 있는 상황에서 교수-학습이 이루어지는 원격교육이라는 측면에서 살펴볼 수 있는데, 이러한 원격교육은 전통적으로 방송 매체를 이용한 교수-학습의 형태로 이루어지는 것이 대부분이었다. 이러한 방송 매체를 이용한 교수-학습은 다양한 장점을 가지고 있으나, 무엇보다도 학교에서 학생을 향한 정보의 전달이라는 일방향적 전달이 이루어지는 모습을 지닐 수밖에 없다는 기술적 한계로 인하여 교사 중심의 가치 전수 방법을 벗어나기 어렵다는 단점이 대두된다. 이러한 단점을 보완하기 위한 노력으로 온라인과 오프라인의 통합이라는 모습으로 나타나게 되는 블렌디드 러닝이 제안될 수 있다. 특히 시민성 교육의 영역에서 이러한 통합의 시너지 효과를 활용하기 좋은 모형이 바로 토론학습모형이다.

이러한 통합의 효과를 극대화 시키기 위한 시도에서 구체적 적용과 관련된 측면을 살펴보면, 시민성 교육을 위한 블렌디드 러닝 토론학습 모형에서 블렌딩 요소와 전략은 학습 환경, 학습 시간, 학습 장소, 학습 형태, 학습 매체, 상호작용 유형, 교수-학습 전략이었는데, 학습 환경은 온라인 학습과 오프라인에서의 교실수업으로 나뉘고, 학습 시간은 실시간과 비 실시간으로 나뉜다. 교실 수업은 실시간으로 이루어지며, 온라인 학습은 비 실시간으로 이루어진다. 학습 장소는 교실과 교실 밖의 환경으로 나뉘고, 학습 형태는 개별 학습, 협동 학습, 일제 학습으로 나뉘는데, 교실수업 환경에서는 협동학습과 일제 학습이 주를 이루었으며, 온라인 학습은 개별 학습으로 이루어졌다. 학습 매체로는 텍스트 매체인 교재와 신문, 비디오 매체인 영화, 컴퓨터, 인터넷 등이 사용될 수 있다. 상호작용 유형은 학습자-학습내용, 학습자-교수자, 학습자-학습자로 나뉘어 지는데, 협동학습과 온라인 학습을 통하여 학습자와 학습자 간의 활발한 상호작용을 유도하였다. 교수-학습 전략은 강의와 토론이 사용되었는데, 토론학습 후에 강의로 수업을 정리하도록 구성할 수 있다.

2. 상호작용의 증진을 통한 학습 능률 향상

현대 사회의 정보화 추세와 더불어 교육의 영역에서도 전반적인 변화가 이루어지고 있다. 그런데, 학습 방법과 환경에서 이루어지고 있는 변화 뿐만 아니라, 학습의 내용 면에서도 새로운 교육의 패러다임은 교수자 중심의 교육에서 학습자 중심으로의 학습을 강조하고 있다. 그러나 학습자 중심의 학습이라고 해서 학습자들이 단순히 학습의 주도권과 선택권을 전담하는 것에서 그치는 것이 아니라, 교수자와 학습자들, 그리고 학습자들 서로간의 상호작용을 통하여 학습하는 것이 중요하다.

이러한 상호작용을 증진시키기 위한 전략은 기본적으로 교수-학습 기법의 측면에서 접근될 수 있다. 교수-학습의 지도방법(method)과

기법(technique)을 엄밀하게 구별한다면, 지도방법은 교사들이 수업 지도에 임하는 철학이나 자세를 나타내는 것으로서 교육의 목적을 성취하기 위한 접근법(approach)을 말한다. 그리고 기법은 그 하위 개념으로서 교사가 그의 목표를 성취하기 위해 선택하는 하나의 수단이라고 할 수 있다(교육부, 1995: 91 ; 이범웅, 김태훈, 서강식, 2004: 187).

이러한 상호작용을 증진시키기 위한 기법의 대표적인 것으로 토론학습을 들 수 있다. 토론학습은 학습자들의 고차원적인 비판능력, 메타인지능력, 자기 주도 학습능력, 그리고 무엇보다도 민주시민의 자질 등을 향상시킬 수 있고 학습 내용에 크게 구애받지 않고 다양한 내용에 적용할 수 있기 때문에 많이 사용되고 있는 교수-학습의 기법이다. 최근에는 첨단 정보통신공학과 인터넷의 발달로 학습자-학습자간, 학습자-교수자간 상호작용이 면대면 오프라인뿐만 아니라 온라인 영역으로도 확장되어 다양한 방법과 양상으로 전개되고 있으므로 토론학습의 유용성과 활용성은 보다 증대되고 있는 추세라고 할 수 있다.

정보화 시대의 토론학습의 개념은 학교 현장이나 이와 유사한 형태로 이루어지는 면대면 학습뿐만 아니라 온라인 환경과 기술 요소에 따른 다양한 학습활동도 포괄하는 것이 되어야 할 것이다. 블렌디드 러닝은 이와 관련된 하나의 대안으로 의의를 가진다. 즉, 온라인 토론과 오프라인 토론 각각의 단점을 보완하고 각각의 장점을 살려 학습자들의 상호작용을 증진시켜 줌으로써 학습 효과를 최대화할 수 있을 것이다.

3. 학생들의 전자민주시민적 참여 제고

인터넷이 현실 정치에 작용할 수 있는 가능성에 관한 한 연구는 커뮤니케이션 하부구조로서의 기능, 시민들의 선호와 의견 측정, 대의민주주의의 결점에 대한 보완, 직접·반직접·심의 민주주의 등 다양한 범주의 노력을 통한 정치의 질적 변화 도모, 국가의 강제력이나 위계적 질서로부터 자유로운 새로운 형태의 정치가 대두될 가능성, 정보를 왜곡시키는 중간 매체들의 배제, 담론의 활성화 등의 일곱 가지 가능성을 구체적 내용으로 제시하고 있다(박효종, 2005: 157-161). 우리의 후속 세대가 민주사회의 구성원으로 성장하여 사회적 이슈에 참여할 때 이러한 특징들이 정치생활의 특징으로 작용할 가능성이 존재한다면, 이를 이용하고 사회의 변화에 적응할 수 있도록 그들을 준비시켜 주는 교육이 필수적으로 이루어져야 할 것이다.

이를 시민성 교육의 영역과 관련지어 살펴보면, 일방향적 전달을 통한 교수-학습은 인지적 측면의 성장을 지향하는 학습에 있어서는 학업의 효율성이라는 측면에서 매우 큰 장점을 지니고 있지만, 정의적 및 행동 실천적 영역에서 학생들의 변화를 추구하는 시민성 교육에서는 여전히 미흡하다고 할 수 있다. 특히 전통적 민주주의의 모습에서 다수결의 원리를 중요하게 생각하였다면, 토론과 심사숙고가 중요한 원리로 작용되는 새로운 전자민주주의에 대한 전망이 가시화 되고 있는 현실은 인터넷과 사이버 공간으로 상징되는 새로운 영역을 정치의 장(場)으로 도입하고자 요청하고 있다.

인터넷이 다른 매체에 비하여 가지게 되는 주된 특징은 이것이 가지는 매스미디어에 의한 단일화된 공론 영역이 아닌 복수화된 공론 영역의 수립 가능성 때문이다. 이는 일방적인 정보의 전달이 이루어지는 것이 아니라 양방향적 의사소통이 가능하다는 기술적 특징을 전제로 하는 것이다. 따라서 이러한 학생들이 온라인과 오프라인을 통합하여 참여할 수 있게 된다면 이는 교수-학습 과정의 양방향적 의사소통을 양적 및 질적으로 향상시키는 것을 의미하며, 이러한 과정의 수행은 결과적으로 수평적 의사소통을 통한 사이버 공동체의 참여에 대한 교육적 준비로서의 의미를 가지게 되는 것이다.

V. 결론 및 제언

교육은 의도성과 계획성을 전제로 한다. 교사는 한 시간의 수업을 전개하면서도 수업에 대한 여러 가지 설계를 한다. 수업에 대한 설계는 일정한 형식 없이 교사의 의도에 따라 실시될 수도 있으며, 제시된 모형에 교사의 의도를 담아 구성될 수도 있다. 수업 모형은 도입-전개-정리에 이르는 단순한 형태로부터 이론적 근거를 바탕으로 한 여러 형태에 이르기까지 매우 다양하다. 또한 시대의 흐름에 따라서 어느 때는 강의 수업 모형이 주류를 이루는가 하면, 어느 때는 탐구 수업 모형이 강조되기도 하였다.

수업 모형은 시대 흐름에 따라 매우 강조되다가 어느새 사라지기도 한다. 그래서 어떤 사람들은 새로운 수업 모형이 제시되어도 곧 사라져 없어질 것이라며 관심을 두지 않기도 하며, 어떤 사람들은 수업은 최종적으로 교사가 여러 가지 변인들을 고려하여 결정하기 때문에 특별한 모형이 필요한 것이 아니라고 말하기도 한다. 최근에 들어 열린 교육이 강조되면서 일정한 수업 모형의 틀에서 벗어나야 한다는 주장이 강하게 일기도 하였는데, 한편에서는 열린 수업에서도 수업 전개를 위해서는 틀이 필요하다며 모형 정립을 위한 시도를 하고 있기도 하다.

수업과 관련된 변인에는 교사, 학생, 교육과정 및 그 밖에 관련된 수많은 요인들이 있다. 따라서 모든 변인들을 고려하여 최적의 수업 모형을 찾는다는 것은 매우 어려운 일이다. 또한 어떤 사람은 수업 모형은 필요하지 않으며, 수업 내용을 면밀히 분석한 후 최적의 방법을 선택하여 수업을 전개하는 것이 바람직하다고 말하기도 한다.

그러나 이렇게 주장하는 사람들도 사실은 효과적인 수업 목표 달성을 위한 설계를 마음속에서 하고 있는 것이다. 그는 여러 가지 수업 모형을 머리 속에 그리고 있으며 표면적으로 제시하지는 않았지만 나름대로는 학급 실정에 맞는 수업 모형을 구안하여 적용하고 있는 것이다. 만약에 어떤 교사가 어떤 의미에서든 수업 모형 또는 절차에 대한 고려를 전혀 하지 않고, 아무런 의도 없이 수업을 전개하였다면, 이는 본질적 의미에서 바람직한 교육 활동이라고 말할 수는 없을 것이다.

교수 학습 과정에 적절한 수업 모형을 탐색하고 적용하는 것은 다음과 같은 면에서 필요한 활동이라고 할 수 있다. 첫째, 수업 모형은 수업 목표에 효과적으로 도달할 수 있도록 방향을 제시한다. 둘째,

수업 모형은 발달 단계에 맞는 교수 학습 활동을 전개할 수 있게 한다. 셋째, 수업 모형은 교수 학습에 관련된 변인들을 의미있게 연관시켜 준다. 넷째, 수업 모형은 수업 전개를 위한 구상을 위한 교사의 노력을 경감시켜 준다. 이러한 측면에서 시민성 교육을 위한 수업 모형의 한 측면으로 살펴본 블렌디드 러닝을 통한 토론학습 모형은 다양한 경험을 제공하여 수업을 풍부하게 해 주고, 학습자 중심의 수업을 가능하게 하며, 흥미와 동기를 유발시켜 학습효과를 증진시킬 수 있는 것으로 제시되고 있다.

물론, 이러한 블렌디드 러닝을 통한 수업에는 장점만 존재하는 것은 아니다. 다양한 수업방법을 사용하는 만큼 학습자와 교수자 모두 전통적 수업방식에 비해 노력이 많이 든다는 측면에서 다소 부담스럽게 느껴질 수 있다. 또한 환경적 제한에 따른 한계점으로, 토론 학습을 위한 블렌디드 러닝 수업의 목적을 최대한으로 실현시키기 위해서 학습에 효과적인 블렌디드 러닝 전략을 충분히 활용할 수 있어야 하는데, 환경의 제약으로 효과적일 것이라고 판단된 전략을 사용하지 못하는 경우가 있을 수 있다. 이는 효과적이고 효율적인 수업을 위해서는 수업의 내부적 요인 뿐만 아니라 외부 환경의 조성도 필요함을 의미한다. 이 연구는 실험적인 연구에 해당하는 것이므로, 향후 구체적 수업 상황에서의 적용을 통하여 모형의 수정 보완이 이루어져야 할 것을 제언으로 남기고자 한다.

참고문헌

곽병선 (1996), "수업모형의 선정", 서울특별시 교육연구원,『수업 모형의 이론과 적용』, 서울특별시 교육연구원 행정간행물.

교육부 (1995),『고등학교 윤리과 교육과정 해설』

김도헌 (2003), "Blended-Learning 그것이 알고 싶다", 월간 산업교육 151, pp. 54~57.

김주영 (2005),『토론학습을 위한 블렌디드 러닝(Blended-Learning) 수업모형 개발 연구』, 서울대학교 대학원 석사학위 청구논문.

박효종 (2005), "정치문화의 새로운 지평: 전자민주주의", 정보통신윤리위원회 편,『정보사회윤리학』서울: 이한출판사.

유병열 (2003),『도덕과교육론』, 서울: 양서원.

이범웅, 김태훈, 서강식 (2004),『도덕과 교육의 실제』, 서울: 인간사랑.

임정훈 외 2 (2003),『교실수업과 사이버학습 연계의 커뮤니티 기반 교수-학습 모형 개발 연구』, 한국교육학술정보원.

Driscoll, M. (2002), Blended-Learning, e-learning, 3 (3), 54~56.

Mantyla, Karen (2001), Blended E-learning: The Power is in the Mix, American Society for Training & Development.

Singh, H. & Reed, C. (2001), Achieving Success with Blended-Learning, A White Paper.

Smith, J.M. (2001), Blended-Learning: An old friends gets a new name, Executive Update. Greater Washington Society of Association Executives.

7장 미래학적 관점에서 본 한국에서의 윤리교육의 전망

I. 서론

미래 세계, 미래 사회에서 이루어질 변화에 대한 전략을 짜기 위하여 2000년대에 들면서 각국은 앞다투어 정부 내에 미래전략국 혹은 미래전략청 등의 별도기관을 만들기 시작하였다. 이러한 상황에서 한국이 생존을 위하여 대비할 것은 무엇인가에 관한 해답을 찾고자 하는 것은 단순한 지적 호기심에 의한 미래의 예측으로서 뿐만 아니라 실질적이고 절박한 성장의 방향을 추구하고자 하는 노력의 일환으로서 의미를 가진다고 할 수 있다. 특히, 자원이 빈약한 우리로서는 거의 유일한 돌파구로 제시될 수 있는 것이 바로 인력과 두뇌의 수출이라고 하겠다.

이를 위하여 시도되어야 할 노력은 우리 사회의 일면에서 '출산장려론'으로 제시되고 있다. UN이나 OECD 미래포럼 등의 연구발표를 보면, 2050년 경에는 백인의 낮은 출산율로 미국은 유색국가, 유럽은 아랍국가, 호주는 아시아국가로 바뀌게 될 것이라고 예측된다. 2006년 현재 약 60억 명으로 추산되고 있는 세계 인구는 2050년에는 93억 명으로 증가하게 되지만, 우리나라는 4,500만 명에서 약 3,000만 명(한국 통계청 추산 약 4,000만명) 수준으로 감소하게 될 것이라는 통계결과가 예측된다(American Council for the United Nations University Millenium Project, 박영숙 감역, 2005: 9-10). 이를 토대로 하여 출산이 곧 애국이라는 형태로 국가의 성장 동력을 찾고자 하는 노력이 현재 이루어지고 있는 것이 현실이다.

단순한 수치상으로 보았을 때, 우리나라가 동북아 중심국가가 되려면 앞으로 우리 후손 1명이 인도인 40여명, 중국인 35명, 미국인 4명, 그리고 그것보다 더 엄청난 그들의 보존자원과 경쟁해야 한다는 전망이 제시될 수 있다. 그러나, 진정한 의미에서 사회와 국가의 발전은 단순한 출산의 장려로 끝나는 것이 아니라 태어난 후대들에 대한 질 높은 교육이 무엇보다 중요한 것이라는 것이 선행될 필요가 있다. 즉, 국제사회에 가장 잘 적응할 수 있는 우수한 인력을 키워내는 일이 무엇보다 중요해지는 것이다.

이러한 우수 인력의 양성을 위한 교육은 삶의 상황이 다양해짐에 따라 교육의 새로운 정향을 위한 새로운 여러 가지 제안들로 나타나고 있다. 그러나, 이러한 제안들은 인간을 단순한 하나의 자원으로서 파악하고 그 활용가능성에만 초점을 맞추어 접근한다는 측면에서 환원주의적 오류를 범할 위험성을 내포하고 있다. 그리고 그것은 가치평가의 불확실성으로 인하여 오히려 교육의 위기로 등장하기까지 한다. 그러므로 교육에 대한 전망과 노력은 현존하고 있는 자기치유력에 밀접한 관련성을 지니게 될 때 의미를 지닌다.

따라서 미래에 대한 전망은 인간과 그들의 교육에 대한 현실적인 상이 중요한 내용으로 제시되어야 할 것이다. 이는 곧 우리들과 우리의 후진들에 통해야 할 공동의 이상들에 대한 명확성과, 그 이상들을 실현시키는 데 필요한 수단들을 적용하고자 한다는 점에서 윤리교육의 이상과 그 맥락을 같이 한다고 이해된다. 즉, 우리가 미래를 바라보고 전망하기 위해서는 교육에 대한 전망이 제시되어야 하며, 그러한 교육적 측면의 전망이 제시해야 할 비전은 곧 윤리교육의 전망을 통하여 이해할 수 있다는 점에서 한국에서 윤리교육의 전망을 시도하는 것은 의의를 지닌다고 할 수 있다.

미래의 윤리교육에 관한 전망을 현재의 연구자들이 공유하며 접근하고자 할 때, 그것은 '어떻게 될 것이다'는 식의 단순한 생각에 관한 소설과도 같은 서술로 제시될 수 있는 것은 아닐 것이다. 그러므로, 사회과학적 측면에서의 전망에 관한 개념을 윤리교육에 관한 전망에 접목시켜 이해할 필요가 있다. 보다 합리적인 예측을 시도하기 위하여 이 글에서는 먼저 미래의 예측을 위한 이론적 기초에 관하여 검토하고자 한다. 다음으로 윤리 교육과 관련된 구성 요소들의 위상에 관하여 분석하고자 한다. 마지막으로 이러한 요소들을 한국 사회의 상황에 적용하여 윤리 교육의 미래를 예측하고자 한다.

Ⅱ. 미래 예측을 위한 이론적 기초

1. 윤리교육의 전망을 위한 탐색적 전제

미래에 관한 예측은 앞으로 올 것을 확실성을 가지고 예언할 수 있는 미래의 과학 그 자체가 존재하는 것을 전제하지 않는다. 그럼에도 불구하고 엄밀한 의미의 과학이라 자처하기에는 그 방법론적 규율이 너무 유연하고, 점성술과 같은 무절제한 예언 정도로 치부하기에는 그 실천지성이 너무 진지하다는 점에서 어떠한 접근법을 선택하고 사용할 것인가에 관해서 진지한 탐구가 필요하다.

미래의 전망을 위한 방법론의 선택에 있어서 이루어질 수 있는 이러한 탐구는 특히 윤리적 측면과 관련지어 볼 때, 자칫 체제나 구조의 비판과 그에 대한 반작용으로 도덕적·이념적 근본주의를 분명히 하고자 하는 것으로 연결될 수 있다. 그러나 이 경우 실천적 메시지의 급진성이 한층 고조될 위험성이 있으며, 그에 따라 대중의 일상적 삶의 세계가 더욱 불안해질 수 있다는 연쇄반응이 일어나게 된다. 이를 피하기 위해서 윤리교육에 관한 미래 전망은 이념적·도덕적 비판과 일상적 삶의 세계의 안정을 절충·타협하는 형식으로 이루어질 필요가 있다.

이러한 의미에서 윤리교육에 관한 전망은 사실의 과학적 반증 가능성 논리에 충실한 단편적 사회공학이라기보다는 장기적 변화 가능성을 과감히 전망하고 여러 분과 과학의 방법상의 전공 한계를 극복·종합화하여 큰 그림으로써 가능한 미래를 설계하여 조기 경보를 울리거나 새로운 예감을 제공하는 일종의 사회기술로서 접근될 필요가 있다. 이는 여러 전문 지식들의 종합화로써 현실에 합당한 사태판단 효과를 기대하고 그에 근거하여 개별적 문제 해법의 처방 보다는 사회적 경각심 또는 기대를 일으키려는 실용적 측면에서 접근이 이루어질 필요가 있음을 의미하는 것이다(권태준, 1996: 19-34).

미래의 예측을 위한 접근법에 관하여 윤리교육의 측면에서 검토를 시도하면, 먼저 윤리교육과 관련한 현실에 대하여 비판적 측면에서 살펴볼 필요가 있다. 윤리교육에 있어서 끊임없이 제기되고 있는 핵심적인 문제는 가치 정향의 위기로 수렴하는 것이라 설명된다. 이때 가치 정향의 위기는 무엇이 가치 있고 추구될 만 하며 또한 무엇이 거절되어야 하는가, 무엇이 더 높이 평가되고 무엇이 더 낮게 평가되며, 무엇이 우선시 되고 무엇이 가벼이 여겨져야 하는가에 대한 확신의 위기를 뜻하는 것이다. 개별 인간에 있어서 그 위기는 가치 의식과 가치 관점의 불확실성을 통하여 나타나며, 공동생활의 경우 그것은 근본이 되는 규범들에 대한 불일치를 통해 나타나고 가치 담지자의 공통적인 서열에 대한 불일치를 통하여 나타난다.

가치 정향의 위기는 또한 교육의 위기를 야기한다. 교육이 가치 평가를 전제로 한다는 점에서, 가치 평가에 있어서 불확실성은 교육에 있어서의 불확실성 또한 초래하는 것이다. 이를 극복하기 위해서 교육자는 교육의 목표를 필요로 하고, 이 목표들을 달성할 수 있는 수단을 선택할 수 있어야 한다. 이때, 교육의 목표는 교육자가 피교육자로 하여금 촉진하려고 하는 인격적 특성들이다. 이때 긍정적으로 평가된 인격적 특성들은 그 전체로서 삶의 충실성을 의미하는 것으로, 윤리교육의 핵심적인 목표와 그 본질을 공유하는 것이다.

다음 세대를 충실성을 목표로 교육하고 타락에 맞서 보호하여 주는 일은 우리가 공동생활의 급변하는 상황 속에서 신속하고 확실한 가치 판단을 가능케 하는 가치 관점을 견지하고 있을 때만 가능하다. 이렇게 요구되는 가치 관점에는 교육 목표로서 효력을 지니고 있는 인격의 이상들과 그 서열에 대한 동의가 속한다. 또한 교육 목표의 성취를 위해 유익한 영향원과 해롭게 작용할 수 있는 영향원의 구별을 도와주는 가치 관점들도 속한다. 이러한 가치 관점들을 토대로 하여 우연적이거나 천박하지 않은 교육적 결단을 내리는 것이 가능하다.

따라서 우리 시대의 수많은 교육적 위기를 극복하기 위해서는 단순한 교육적 활동만으로는 부족하며, 다수 사회 구성원들이 빠져 있는 가치 평가의 위기, 세계관적 위기, 도덕적 위기에 대한 극복이 선행되어야 할 필요가 있다. 이를 위하여 필요한 것은 생산력 있는 세계 해석이 제시되어야 하며, 비 이기적인 공동의 이상들에 대한 신념을 전달하고 강화시켜 주는 가치 평가 공동체가 형성될 필요가 있다 (Brezinka, 안정수·엄호현 옮김, 1997: 15-19).

이러한 노력들은 우리가 이념이나 사건들을 평가하기 위한 어떠한 척도를 지니고 있을 때에만 대답될 수 있다. 이에 모든 세계관적 및 정치적 진영들에서 광범위한 동의를 얻고 있는 경험적인 척도를 평가하고, 그것을 바탕으로 미래를 전망하기 위한 방법론적 도구로서 미래의 예측을 위한 접근법에 관하여 검토할 필요성이 제기된다.

2. 윤리교육의 미래 예측을 위한 접근법의 유형

미래에 관한 예측은 빗나갈 위험이 많은 대단히 위험한 작업이다. 이러한 이래에 관해서 실체적으로 예측이 가능하다는 낙관론과, 절대 예측이 불가능 하다는 극단적인 비관론이 양 극단에 존재하지만, 실제 미래에 관한 예측은 이 낙관론과 비관론의 양 스펙트럼 가운데에 존재하는 것임을 직관적으로 알 수 있다.

먼저, 미래에 관한 '예측' 그 자체를 조작적으로 정의하자면, 예측은 미래에 관하여 제기되는 질문에 합리적이고 설득력 있는 답변을 추구하는 하나의 도구라고 설명할 수 있다. 그러므로 이 예측은 어떠한 시나리오나 과학적인 픽션과는 구별되는 것이라고 할 수 있다. 그러므로 미래 자체가 비록 현재에 대해서는 가리워져 있기는 하지만, 과거와 현재를 분리하여 합리적으로 설명할 수 있는 안정적 패턴을 통하여 예측이 가능하다. 따라서 미래를 전망하기 위해서는 일정한 형태의 모형이 필요하다고 할 수 있다.

이러한 예측을 위해서는 최소한 다음과 같은 세 가지 조건이 필요하다. 첫째, 데이터의 입수 가능성이다. 이는 과거와 현재를 통하여 획득 가능한 시간적으로 적합하며, 내용상으로 정확하며, 신뢰성이 높은 관련 데이터가 제시될 수 있어야 한다는 것을 의미한다. 둘째, 패턴의 인식 가능성이다. 이는 이러한 자료 자체가 명확히 구별될 수 있는 패턴을 제시하는 것이어야 한다는 것을 의미한다. 셋째, 패턴의 안정성이다. 이는 이렇게 제시되는 패턴이 안정적이어서 그 자체가 연속적으로 제시되는 미래에 관하여 일회성이 아닌 지속적인 설명을 제시할 수 있어야 한다는 것을 의미한다. 이상의 세 가지 조건을 토대로 하여 미래에 관한 예측은 합리성을 띠게 된다.

합리적 예측이란 예측을 제공하는 주장과 정당화를 위하여 제시된 데이터 사이의 결합을 제공하는 것으로서, 그것은 명시적으로 표현된 원칙 또는 전문가에 의해 묵시적으로 제시된 주관적 판단에 근거를 두고 있는 것이다. 전자에 해당하는 것으로서 명시적으로 표현된 원칙에 의거한 예측은 그 추론 과정에 있어서 형식적인 규칙이 조건으로 지정되는 절차를 경유하는 것으로 추론적인 성격을 띠는 것이다. 후자에 해당하는 것으로서 비형식적이며 때로 논리정연하게 설명할 수 없는 예측은 어떤 이슈에 관하여 특정한 개인의 독특한 평가에 근거를 두는 것으로 판단적 혹은 직관적 성격을 띠는 것이다.

이러한 측면에서 합리적 예측의 방법을 토대로 하여 자연과학 및 사회과학의 영역에서 미래의 예측을 시도하기 위한 접근법은 이상의 조건들에 관한 조합을 통하여 다음과 같이 분류될 수 있다.

〈표 1〉 미래의 예측을 위한 접근법의 분류(Rescher, 1998: 86-90)

예측적 접근법	연결 메커니즘	결합 방법론
Ⅰ. 비형식적 / 판단적		
판단적 추정법	전문가의 자료제공	자료에 기초한 판단
Ⅱ. 형식적 / 추론적		
1. 초보적 (기초적 이론)		
추세 투영법	유행하는 추세	유행하는 추세의 투영
커브 평가 일치법	기하학적 패턴	확정된 패턴 하의 포섭
상황 추정 분석법	비교군의 집단화	유사한 상황하의 동화

2. 과학적 (정교화 이론)		
지표 등위법	인과관계의 상호연관성	상호연관성의 통계적 포섭
법칙 유도법 (일반형)	수용된 법칙 (결정론적 또는 통계적)	수용된 법칙에 의한 추론
현상학적 모델링법 (유추형)	형식적 모형 (물리적 혹은 수학적)	추측 가능한 동형 구조와 실제 세계 또는 실질적 절차의 분석

3. 윤리교육의 전망에 있어서 비형식적 접근법의 필요성

화이트헤드가 지적하였듯이, 전망은 내적 통찰의 산물이다. 따라서 훌륭한 이성적 추론 과정을 통하여 신뢰성 있는 내적 통찰을 제공하는 사람들을 신뢰하는 것은, 그들이 제공하는 미래에 대한 전망에 관해서도 신뢰할 수 있다는 논리적 귀결로 이어진다. 그리고 이것은 판단적 추정의 이론적 근거와 정확히 일치하는 것이기도 하다. 따라서 윤리교육의 전망에 있어서 식견 있는 권위자의 판단에 신뢰를 부여할 수 있다.

방법론적 측면에서 명시적이고 논리 정연한 법칙을 발견하여 제시하기 어렵다는 한계를 내재하고 있는 윤리교육의 전망과 관련된 영역에서 이러한 전문가 의견에 대한 신뢰 부여는 함축적이며 묵시적인 방법을 통한 예측으로 연결된다. 그러나 이는 단순히 비합리적인 것이 아니라, 육감적이고 본능적이며 학습된 추정을 통하여 어떤 현상의 확인 가능한 패턴을 발견하고자 하는 것을 의미한다. 따라서 윤리

교육의 영역에서 전망은 전문가의 예측에 의존하는 비형식적 접근인 판단적 추정의 사용이 일차적으로 요구된다.

판단적 추정법은 식견있는 전문가의 진술을 미래 예측의 지수로 사용하고자 하는 것이다. 그러나, 이 방법은 인간은 필연적으로 개인이 전망할 수 있는 경험을 토대로 한다는 점에서, 조건과 상황이 달라지는 경우 파악하고자 하는 대상의 본질이 왜곡될 수 있다는 문제의 소지를 내포하고 있다. 그러나 개별 전문가들의 예측이 갖는 이러한 한계는 많은 수의 전문가들이 제시하는 예측 결과들에 관한 정교한 재 분류화를 통해 극복될 수 있을 것이다.

윤리교육에 있어서 미래 전망이 판단적 추정법을 필요로 한다면, 그것은 기계적이고 단순한 산술평균으로 설명할 수 없는 것임을 의미한다. 따라서 미래의 발전을 전망하는 많은 전문가들의 예측들에 관하여 일련의 연속되는 질문을 제기하고 그에 관한 해답을 찾아가는 과정을 통해 미래 예측에 관하여 합의 가능한 핵심적인 공통점에 근접해갈 수 있을 것이다. 특히 이러한 예측 방법은 과학기술의 발달에 관한 추정뿐만 아니라 사회의 발전에 관한 추정에 이용될 수 있다는 점에서 시사하는 바가 크다. 관련된 사례를 제시하면, 1960년대 중반 이루어진 연구에서 미국의 가치에 관한 미래 전망을 실시하였는데, 이때 다음 세대에 강조될 가치로 지적인 덕목, 사회복지, 사회적 책임, 법과 질서, 미적 가치 등이 제시되었으며, 경시되거나 중요하게 취급되지 않을 가치로 국가주의, 가족적 가치, 개인에 대한 책임, 경제적 안보, 과도한 낙관주의 등이 제시되었다. 이를 현대 사회에 적용시켜 보면 일정 부분 일치하는 부분이 있음을 알 수 있으며, 이는 판단적 추정법이 지니는 타당성을 설명하는 경험적 사례로 제시될 수 있다.

이러한 논의를 근거로 하여 전개될 수 있는 윤리교육의 미래에 관한 예측은, 여러 전문가들이 전망한 미래의 교육에 관한 전반적 추정들 중 일차적으로 윤리교육과 관련된 구성 요소들의 위상에 관하여 비판적으로 검토하고 이를 바탕으로 한국 사회에서 윤리교육의 미래에 관하여 전망하는 형식으로 이루어지는 것이 타당한 접근 방법이라 할 수 있다.

Ⅲ. 거시적 측면: 윤리 교육과 관련된 구성 요소들의 위상

1. 창의성과 인간의 가치에 대한 중요성의 증가

기술의 발달은 우리가 가르치는 방식을 바꿔 놓았고, 그러므로 교실 내의 컴퓨터와 인터넷의 영향도 함께 다루어질 필요가 있다. 그리고 이러한 점은 교육 전체의 영역에서 뿐만 아니라 윤리 교육과 관련한 영역을 구성하는 핵심적 요소 중 하나로서 기능하게 될 것이다. 따라서 윤리 교육과 관련된 구성 요소들을 검토할 때 정보통신기술이 가장 먼저 다루어질 필요가 있다.

웹과 교육의 합성을 웨뷰케이션(webucation)이라고 하여 대다수

학교 교실에서 학습에 인터넷을 이용하고 있다. 그러나 이러한 추세는 향후 의외의 결과가 발생하게 하여 학교는 더 큰 문제점에 봉착할 것으로 예측된다. 아동들은 점점 독립적·비판적 사고를 할 수 없게 되고, 패턴을 찾아내는 연관성 사고를 하지 못하며, 추상적인 영역으로 나아가지 못하게 된다. 이는 '실패한 유선교육(Wired to Failure)'이라는 용어로 설명된다. 다른 형태로는 '빈 가방 증후군(Empty Luggage Syndrome)'이라고도 불리며, 교실 내의 컴퓨터가 언뜻 상당히 많은 내용을 전달하는 것 같지만 실제로는 그 속에 아무것도 담겨 있지 않다는 것을 의미하는 것으로 사용된다. 과거의 경험에 비추어 볼 때, 각 교실에 설치된 TV수상기가 교육 개혁에 대한 해답으로 여겨졌던 1950년대 미국의 상황과는 달리, 네트워크 환경을 갖춘 교실에 대한 반발 현상이 일어나게 될 것이라는 점은 많은 교육 관련 학자들에 의해서 예측되고 있다. 그리하여 컴퓨터 사용법 보다는 아동과 교사의 상호작용에 다시금 관심이 모아지게 될 지도 모른다(Popcorn & Hanft, 인트랜스 번역원 옮김, 2002: 217).

그렇다면, 정보통신기술이 인간의 인지적 및 정서적 기능을 상당 수준 대체하는 상황에서, 그리고 정보통신기술이 정보 이용에 관한 개인의 고유한 필요와 욕구를 충족시킬 수 있는 상황에서, 이러한 상황의 변화로 인하여 요구되는 개인이 갖추어야 하는 자질에는 어떠한 변화가 올 것인가에 관한 질문이 연이어 등장하게 된다. 정보통신기술이 고도화되는 미래에는 컴퓨터가 대체할 수 없는 인간의 능력, 즉 창의성을 강조하는 문화가 도래할 것이다.

또한, 정보통신기술의 시대에 이루어져야 할 교육에 관하여 컨슬러(Kunstler)는 다음과 같은 원칙을 제안하고 있다(강홍렬 외 9인, 2006: 362-363). 첫째, 인간은 지금 테크놀로지의 거대한 폭발 한가운데 있으며 세상이 변하기 때문에 교육도 변해야 한다. 둘째, 우리의 생존은 교수법을 통해 인간이 전쟁이나 생태파괴, 그리고 널리 퍼진 불공정 등의 커다란 문제를 해결할 수 있는지 여부에 달려 있다. 셋째, 교육의 가장 큰 목표는 심리·지성·감성·윤리·감각·예술의 면면을 실행시키고 활동성 있게 만드는 것이다. 넷째, 우리의 목표는 마음을 훈련시키고 교육하여 강력하고 훌륭하게 그 기능을 수행할 수 있도록 하는 것이다. 다섯째, 모든 학습자들은 창조자이면서 도덕적 주체이고 모든 사람들은 학습을 한다. 여섯째, 기계에 의한 작업보다는 기술을 바탕으로 하여 효과적인 업무 수행이 가능하도록 되어야 한다.

이제는 지식 보다는 지식을 상황에 따라 적용하고 응용하는 능력이 존중받는 추세이다. 더 나아가서는 독창적인 지식을 창조하는 능력이 더욱 소중해지고 있다. 이는 오늘날의 효과적인 지도자가 자신의 지식을 일방적으로 설명하기 보다는 다양한 상황에서 다양한 방식의 상호작용적인 커뮤니케이션을 효과적으로 수행하는 사람인 경우가 많음을 통해서도 알 수 있다. 그리고 이러한 논의의 핵심에는 인간의 창의성에 대한 요구가 전제되고 있다.

또한 정보통신기술의 발달로 인하여 하드웨어와 소프트웨어의 중요성 뿐만 아니라 기술과 정보의 생산자인 동시에 이용자인 휴먼웨어, 즉 인간의 중요성이 더욱 높아질 것으로 전망된다. 기계와 기술이 대체할 수 없는 인간의 능력, 즉 창의성의 고양이야말로 미래 사회에서 인간이 인간답게 살 수 있는 전제인 동시에 인간이 기계와 기술에 대해 우위에 설 수 있는 중요한 방편이 될 것이다.

창의성에 관한 정의는 학자들에 따라 다양하게 기술되고 있으나, 일반적으로 '새로움에 이르게 하는 개인의 사고 관련 특성' 및 '새로운 관계를 지각하거나 비범한 아이디어를 산출하는 능력' 또는 '전통적 사고 유형에서 벗어나 새로운 유형으로 사고하는 능력' 으로 정의된다. 이러한 정의는 창의성의 특성, 과정, 환경, 산출물 등에 가치가 상호작용을 할 때 그 본질적인 특성이 발휘된다는 관점을 설명하는 것이다. 그리고 이러한 창의성은 타인과는 다른 사고를 할 수 있는 능력으로 제시되는데, 그것은 독창적인 사고의 중요성이 점증하는 만큼 그것을 타인과 나누어야 하기 때문에 역설적으로 타인과의 효율적인 커뮤니케이션 능력의 중요성도 증가하게 된다. 독창적인 사고가 사회적 의미를 갖기 위해서는 이러한 사고를 전하고 협의하고 조율하고 채택하는 능력이 필요하기 때문이다(강홍렬 외 9인, 2006: 356-357).

이러한 창의성을 배양하기 위해서는 가정과 학교에서의 교육이 매우 중요하다. 아울러 창의력을 배양할 수 있는 교육 제도를 정부가 구축하는 데에 앞장서야 할 것이다. 교육의 요체는 정보를 수용하고 종합하여 지식으로 전환하는 것이다. 정보화 사회에서는 학교 이외에 대안적인 정보의 원천이 급증하게 될 것이다. 이로 인하여 미래의 교육은 평생교육, 현장교육, 학생이 능동적으로 참여하는 상호작용적 교육을 그 특성으로 할 것이다. 기술의 발달과 사회발달의 불확정성은 직장에서 사회에서 재교육의 필요성을 증가시키고 있다. 이러한 맥락에서 미래의 학교는 울타리가 붕괴된, 고정된 시간이 아닌 개별 학생들에 의해 자유롭게 구성된 일정과 내용에 의해 교육이 이루어지는 현장 교육이 보편화될 것으로 전망된다.

2. 제도적 종교의 쇠퇴와 종교성의 증대

종교와 관련된 영역은 그것이 내포하고 있는 인간관계의 질서에 관한 답변이 윤리적 삶의 원리라는 측면에서 윤리교육의 핵심적인 요소로 자리 잡고 있다. 특히 일부 서구 사회와 중동 및 동남아시아 지역의 경우에서 볼 수 있듯이, 윤리교육은 종교교육의 형태로 이루어지고 있기도 하다. 따라서 미래 사회에서 종교의 위상에 대하여 검토하는 것은 윤리교육의 전망과 직접적인 관련을 맺는 것이라 할 수 있다.

종교는 인류를 구원할 것인가, 멸망으로 인도할 것인가? 과학, 기술, 경제의 발달로 세속화가 가속화되는 한편 기성 종교의 쇠퇴, 영성 운동의 대두, 동양 종교의 서양 유입 등 새로운 흐름들이 서구 종교계를 강타하고 있다. 또한 나치즘, 파시즘, 공산주의 등 20세기 인류의 삶을 뒤흔들었던 이데올로기들이 차례로 역사의 무대 뒤로 사라진 후 많은 사람들이 그 자리를 종교가 대신할 것이라고 예언했지만 그 실현에 관해서는 여전히 검토할 문제가 많은 것으로 나타나고 있다.

먼저, 서구 사회의 종교인 기독교에 대하여 검토할 필요가 있다. 기독교는 지난 수십 년간 종교의 급격한 세속화와 쇠퇴를 경험하고 있다. 이는 서구 사회에서 산업화, 민주주의, 과학과 기술의 발전으로 인하여 오랫동안 당연한 존재로 여겨 왔던 신이 어느날 갑자기 사라져 버린 것을 발견하게 되었다. 특히 20세기의 마지막 10년은 전 세계적으로 경제적 가치가 점점 더 중요해진 '경제화'가 진행되는 바람에 종교적 가치가 상대적으로 약화되었다. 특히 유럽과 미국에 있어서 기독교인의 비율이 하락하고 있는데, 유럽의 경우 삶에서 신앙이 중요하다고 답한 이들은 48%에 불과하며, 미국의 경우 기독교인의 비율은 1990년 86%에서 2001년 77%로 하락하였음이 조사되었다(Ochoa & Corey, 안진환 옮김, 2005: 289-290).

이와 같은 증거들은 한때 세상을 지배했던 기독교가 드디어 역사의 끝자락에 이르렀다고 생각하기에 충분하다. 실제 오늘날 기독교는 이슬람교부터 신불가지론에 이르기까지 온갖 타 종교 및 비종교적 믿음들과 경쟁 중에 있다. 그러나 기독교가 순식간에 사라져 버리지는 않을 것으로 전망된다. 그 이유는 개발도상국이라는 새로운 선교구의 발견으로 인한 기독교의 범세계적 확산 추세, 기독교 내부에서 정통교리로 돌아가자는 움직임의 부활, 보수적이고 열정적이며 타인에 대해 복음을 전파하고자 하는 신념을 지닌 기독교 근본주의에 대한 유혹 등으로 제시될 수 있다.

다음으로, 이슬람교의 자유주의적 진화에 관하여 살펴볼 필요가 있다. 일반적으로 뉴스에 등장하는 이슬람은 무장주의자들의 테러와 전쟁에 관한 이야기로 제시된다. 그러나 이슬람 세계 내부에서 일어나고 있는 변화에 대해서는 사람들에게 거의 알려진 바가 없다. 이러한 변화는 이슬람교의 자유주의적 진화로 설명될 수 있다. 서구에 살고 있는 제2세대 무슬림들은 그들의 부모 세대와는 많은 점에서 다른 면을 보이고 있다. 이들은 이슬람교를 혁신하는 사람들로 간주되는데, 예를 들어 미국에 사는 무슬림은 이슬람교의 전통을 무너뜨리는 것이 아니라 오히려 다른 이슬람 국가에 살고 있는 신도들보다 종교적으로 더욱 순수하다고 생각한다. 이슬람과 아랍 문화의 영향을 벗어나 순수한 꾸란(이슬람의 경전)으로의 회귀를 꾀할 수 있으므로, 다른 이슬람 국가의 구성원들에 비해 문화적 짐이 훨씬 가볍기 때문이다. 그리고 이는 이슬람 세계와 서구 세계 사이에 접합점을 찾을 수 있음을 설명하는 것이기도 하다(Ochoa & Corey, 안진환 옮김, 2005: 298-299).

이어서, 종교 그 자체를 믿지 않는 '브라이트(bright)' 들이 있는데, 이들은 그 어떤 형태의 신도 존재하지 않는다고 생각하는 사람들이다. 과거에는 이런 사람들을 무신론자나 불가지론자라고 불렀다. 그러나 신불가지론자 자신들은 스스로를 자유사상가, 인본주의자, 이성주의자, 세속적 인본주의자, 비유신론자, 그리고 회의론자라고 불리우는 쪽을 더 선호한다. 이들은 정확하게 무엇을 왜 믿지 않는가에 대해서 서로 다른 의견을 갖고 있다. 이 중에는 단순히 종교에 관심이 없고 이 주제에 대해 깊이 생각하지 않는 이들도 포함된다. 좀 더 구체적으로 설명하면, 이들은 공개적으로 무신론자임을 커밍아웃하는 사람으로서, 이를 통하여 신앙과 종교에 대한 거부가 개인적인 차원을 넘어 집단적·공개적으로 이루어지고 있음을 알 수 있다. 특히 이러한 무신론이 양지로 나설 수 있게 된 원인은 현대 사회에서 종교가 쇼핑몰이나 정치적 캠페인으로서 모습을 갖게된 것에서 찾아볼 수 있다.

마지막으로, 신불가지론의 입장이 있는데, 이는 불가지론에 관한 이해가 선행되어야 파악할 수 있는 것이다. 불가지론은 항상 신앙과 불신앙의 중간지대에 서 있다. 유신론이 신의 존재를 인정하고 무신론이 그것을 부정하는 반면, 불가지론은 "나는 모른다"는 말로 일관하는 것이다. 그러나, 실제로 불가지론자들은 무신론자와 연합전선을 이뤄왔다. 정통적 불가지론은 "나는 신이 존재하는지 알지 못한다. 따라서 나는 그의 존재를 믿는 것을 보류하고 그런 것이 없다고 가정하겠다"고 말하면서 스스로를 일종의 무신론자로 간주한다. 그에 비해 신불가지론자들은 현대 사회에는 신과 비슷한 것이 있다고 생각하지만 그것이 과연 '신' 인지에 관해서는 확신하지 못한다고 고백하는 사람들이다.

이러한 신불가지론은 많은 위험과 모순점을 지니고 있음에도 불구하고, 오랫동안 현대 사회의 중요 동향으로 기능하게 될 전망이다. 신불가지론 자체가 초자연적 현상을 부정하는 현대 과학의 헤게모니와, 초자연적 존재에 대한 인간의 갈망 사이에서 균형을 잡아주는 역할을 감당하기 때문이다. 또한 신불가지론은 자본주의적 민주주의가 번성하는 동안에는 함께 세력을 넓혀갈 것이다. 이 사상은 종교적 자유와 더불어 필요하다면 영성까지도 공급할 수 있는 시장경제 등 자본주의가 제공하는 것들을 최적으로 이용할 수 있는 능력을 지녔기 때문이다(Ochoa & Corey, 안진환 옮김, 2005: 307-309).

이상의 추세들에 관하여 정리하자면, 서구 사회에서 기성 종교들이 세속화와 근대화에 제대로 대처하지 못해 쇠퇴하고 있는 것이 사실이지만, 종교와 종교적 주제에 대한 일반인들의 관심은 오히려 늘어나고 있다. 더욱이 종교의 자유가 확대되고 세계화가 진전됨에 따라 사람들이 선택할 수 있는 종교의 폭이 훨씬 넓어졌음을 감안하여야 할 것이다(조선일보 편집국 편, 2000: 192).

3. 민주주의 이데올로기와 정치경제학적 상관성

이데올로기의 영역은 윤리교육의 정치교육적 요소로서 매우 중요하게 작용되어 왔다. 따라서 이데올로기 영역에 관한 검토는 윤리교육의 영역에서 접근이 이루어질 필요성을 지니고 있다.

21세기 세계는 평화를 위주로 한 민주주의 지역과 그렇지 못한 지역으로 양분될 것으로 전망되고 있다. 이때 그 경계는 세계화의 여부로 제시될 것이다. 경제협력개발기구(OECD)국가들처럼 발달된 나라들 사이에는 군사적 경쟁이 존재하지 않을 것이다. 물론 세계에는 가난한 지역과 비민주주의적 지역이 있으므로 갈등이 사라지지는 않을 것으로 전망된다. 민족간의 갈등과 중동 지역의 무력 갈등, 테러활동 등이 있지만 이는 경제가 발달되고 민주주의가 발달된 국가와는 관련이 없는 것으로 이해될 것이다. 이러한 측면에서 자유민주주의 체제에 도전할만한 이데올로기는 당분간 등장하지 않을 것으로 전망되지만, 경제적 측면에서 세계적인 공황이 닥친다면 비민주적인 정치운동이 반작용으로 일어날 가능성도 일부 존재함이 전망되고 있다.

특히 정치적 측면에서의 민주주의는 경제발전과 밀접한 연관성을 맺는 제도인데, 이와 관련하여 물질주의가 세계적 갈등의 원인으로 제시되기도 하지만 실제 물질주의 그 자체가 갈등의 원인은 아니며 오히려 물질적 발달은 민주주의의 발달을 가져오며 그것은 결국 세계 평화에 기여하는 것으로 이해되고 있다(조선일보 편집국 편, 2000: 211). 이러한 정치경제학적 측면을 민주주의와 관련지어 살펴보면, 유럽연합(EU)의 경우는 진보적 좌파의 영향으로 복지 정책이 지나치게 강조되는 경향이 있는데 이에 대한 예산 축소가 장기적 과제로 등장하게 된다. 동유럽의 경우 서구식 민주주의와 제3의 길 사이에서 일부 서유럽 스타일을 채택한 국가들은 이미 서방식 체제로 전환하는데 성공한 반면, 변화를 감독할 만한 정부기관이 없고 문화적 한계가 존재함으로 인하여 여전히 진정한 대안을 제시하지 못하고 있는 다른 일부 국가들은 앞으로 한동안 어려움을 겪을 것이 예상된다.

군사적 측면의 경우에는 냉전의 종식 이후 국지전의 형태로 충돌이 일어나고 있는데, 이 규모와 사상자의 수를 감소시키고자 하는 국제적인 노력이 경주될 것으로 예상된다. 특히 강대국들 간의 관계에서 군사력의 역할은 줄어들 것으로 이해되고 있는데, 그 이유는 강대국들이 영토확장 문제로 분쟁에 휘말릴 가능성이 거의 없기 때문이다. 그러나 중동 산유 지역이나 대만처럼 자원이나 특정 지역의 주권 문제를 놓고 다툴 가능성이 남아있는 경우에는 군사력이 여전히 힘의 배경이 될 것이 전망되고 있다.

이에 덧붙여 단일민족국가로서 민족적 정체성을 확보하고자 하는 노력은 21세기 글로벌 경쟁시대에는 불리한 측면으로 작용할 수도 있음이 지적된다. 낮은 출산율은 인구의 감소와 평균 연령의 상승을 가져온다. 이는 노동력 부족 문제가 심각하게 대두됨을 의미하며, 이러한 경우 다양한 민족으로 이루어진 나라가 유리할 것임이 지적된다. 특히 남아 선호 사상의 전통이 남아있는 일부 아시아 국가들에서는 남녀 성 비율이 큰 문제로 대두될 것으로 이해된다.

4. 윤리적 고려의 정형화를 위한 노력

세계의 뉴스에서는 보다 윤리적인 간섭을 요구하고 있는 반면, 현대의 오락적 요소들에는 비윤리적 행위들이 넘쳐나고 있다. 나노기술·생명공학·정보화기술·로봇공학·유전학·인지과학 등의 시너지 효과는 현실적 담론을 넘어서는 윤리적 함의를 가진 신의 능력에 필적하는 변화를 약속하고 있다. 우리가 삶의 실타래를 변화시키기 시작한 속도는 과학기술에 대한 통제로 감당할 수 있는 범주를 넘어선 것으로 보인다. 그러므로 지구촌의 의사결정 과정에서 인간의 윤리적 고려를 기반으로 한 다양한 기술개발이 진행되어야 함이 강조되고 있으며 그것은 일정 부분 열매를 맺게 될 것이다.

특정한 종교나 이데올로기가 주장해 온 이전의 도덕적 캠페인은 '피아구분'을 부각시킴으로써 전 세계적인 문제의 해결을 어렵게 만드는 경향이 있었다. 그러나 지구촌 과제들을 해결하기 위해서는 국가간 혹은 제도간 경계 뿐만 아니라 종교간 혹은 이데올로기간 경계를 넘어서는 협력이 필요하다. 이처럼 상이한 체제를 넘어서 적용되는 도덕의지를 만들어 내기 위해서는 세계윤리라는 것을 인정해야 할 지도 모른다는 주장이 제기된다.

UN, 국제표준화기구, 국제투명성기구, 올림픽기구 등은 모두 세계윤리를 위한 특별한 국제단체들이다. 이들 체제를 통해 윤리가 발견되거나 구축될지에 대해서는 의심스럽기는 하지만, 이러한 윤리는 세계무역과 생명공학, 기후변화, 테러대비, 가난의 경감 등을 위해 중요하게 다루어지고 있다. 전 세계의 상호연계성이 증가하고 언론보도가 세밀해짐에 따라 오늘날 비윤리적인 의사결정을 숨기기는 과거보다 훨씬 더 어려워졌으며, 이로 인해 총체적 책임성이라는 새로운 개념이 요구되고 있다. 대부분의 공공 도덕성은 종교적 형이상학에 기초하고 있으며, 이러한 종교적 형이상학은 세속주의 또는 교육과 종교의 분리를 추구하는 추세의 성장에 따라 도전을 받고 있다.

모든 종교에 공통적이고 보편적인 가치체계나 도덕률만으로는 현실의 행위로 인한 죄의식에서 벗어날 수가 없을 지도 모른다. 지구공동체를 위한 윤리가 반드시 주요한 종교적 도덕률을 따라야 하는 것은 아니며, 오히려 모든 인류의 공존의식을 단들어 내는 신앙인과 비신앙인 사이의 새로운 연계가 추구될 것이다. 이로 인하여 학교 교육의 모든 단계에서 윤리교육과 관련된 과정을 필수과목으로 해야 한다는 주장이 제기되고 있다. 또한 이러한 주장을 펼치는 사람들은 부패에 대항하고 미래세대의 이익을 위한 입법활등과 관련된 입법의지를 촉구해야 함을 함께 제시하고 있다. 이는 곧 사적인 탐욕과 이기주의를 감소시키며, 명예와 정직을 높이 사기 위한 효과적인 정책 수단에 대한 탐색으로 연결된다. 이와 함께 가치 확립을 위한 사회적 연장자이자 가치수호자로서의 역할을 촉진해야 하며, 탐구의 자유를 가로막는 장벽을 없애며, 정당한 권력을 존중해야 함이 함께 제시될 전망이다(조선일보 편집국 편, 2000: 210-220).

Ⅳ. 미시적 측면: 한국사회에서 윤리교육에의 적용

1. 윤리교육을 강조하는 방향으로 교육제도의 변화

출산율 감소로 인한 문제의 해결은 그 본질적 측면에서 해결책을 찾을 필요가 있다. 한국여성들의 출산율 감소는 교육비도 문제이지만 부자도 출산율이 낮은 이유로 보면 교육제도에 대한 불만과 불신 때문이다. 교육은 결국 좋은 직장을 얻기 위함이고 좋은 직장 얻은 자식에게 노후를 의존하려는 인식이 남아 있지만, 10년 후에는 노령인구의 세력화로 국가가 노후보장을 하지 않을 수 없게 된다.

앞으로의 시험에서는 핸드폰과 태블릿PC를 들고 들어가 엄청난 양의 정보를 찾을 수가 있게 된다는 예측이다. 지식을 머리에 담지 않고 인터넷에 떠 있는 엄청난 양의 정보를 얼마나 창의적으로 내 것으로 가지고 와서 문제를 해결하고 창의성과 리더십을 발휘하느냐는 것이 경쟁력이 된다.

또한, 세계미래회의 발표는 2012년경 이후 부터의 미래교육 새 질서는 무료 사이버강좌, 저렴한 세계통합 사이버대학이 생겨 입시전쟁이 사라진다고 한다. 1982년 교육학자 파커 로스만이 '코스모피디어', 즉 세계백과사전포털사이트를 만들기 시작했다. 각종 저서와 사전,

각 분야 강의, 백 년 전의 강의, 세계 유명인 강연과 강의노트 등 모든 것을 저장해서 동영상 또는 쌍방향 교육서비스 사이트로 제작한다는 구상이다. 2020년 정도면 코스모피디어로 세계대학통합사이트가 실용화될 것으로 보인다. 대학에 등교하지 않고도 TV나 화상대화, 사이버 강좌를 통해 수업을 받고 학점을 딸 수 있게 된다는 것이다.

이러한 변화는 기존의 국가 개념에 관한 변화로 연결된다. 국가의 의미가 사라지게 되면 국경 또한 사라지게 된다. 인구와 노동력의 이동이 가능해지고, 재택근무가 보편화되면 정보통신기술을 이용하게 되며 삶의 양식 자체에 대한 변화를 겪게 될 것이다. 이러한 상황 하에서 영어공용화론이 다시 등장하게 된다. 언어 자체가 의사소통의 도구이므로 이는 문화로 해석할 수 없는 영역이다. 인터넷의 공용어이면서 방대한 지식을 표현하는 도구로서 영어가 사용되면 그것은 일반적인 공용어의 위상을 차지하게 될 것이다.

이러한 새로운 시대 속에서 윤리성의 상실은 변화 속에서 공동체 구성원으로서 자신의 정체성을 형성하게 하는 것이 사라짐을 의미하는 것이다. 이때 말하는 윤리성은 새로운 시대가 유독 요청하는 어떤 독자적인 새로운 윤리를 말하는 것이 아니라, 인간이 인간답게 살고 공동체의 일원으로 다른 사람들과 질서를 유지하는 가운데 더불어 살아가기 위해서 기본적으로 요청되는 윤리성을 말하는 것이다. 이는 인간의 자아실현과 사회생활 일반이 요청하는 기본적 윤리 또는 윤리성을 의미하는 것이다(신사회공동선운동연합, 1998: 102-103).

이를 회복하기 위하여 이루어져야 할 윤리교육은 가치관과 규범, 생각, 판단에 의거하는 공통된 준거, 고차원적으로는 세계와 우주 속에서의 삶의 의미와 목적을 해석하고 이해하는 정향성의 상징적 틀을 전제로 하는 것이다. 분명히 사람들에게는 욕구가 존재한다. 그러나 인간들에게는 또한 가치들이 있으며, 특히 사람들은 자신들이 이치를 따지고 평가하며 행동하고 참여할 능력을 소중히 여긴다. 즉, 수용자만이 아니라 주체적 행위자로서 무엇을 값지게 보며 어떻게 그것을 추구할 지를 결정할 인간의 자유는 단지 욕구를 충족시키는 차원을 훨씬 넘어서는 것이다(백낙청 외 15, 2004: 21). 이러한 사실은 곧 윤리교육의 본질에 관한 물음과 해답을 제공해 주는 것으로서 한국 사회에서의 교육제도는 그 형태가 어떠한 것이건 간에 윤리교육을 강조하는 쪽으로 연결될 것이라 전망할 수 있다.

2. 민주시민 생활교육의 실시

고도의 물질문명의 시대에서 팽배하고 있는 정신적 쇠락을 극복하고 가치부재, 도덕 및 윤리의 전도현상을 바로 잡아 더불어 살아가는 민주사회를 이룩하기 위한 시민성의 교육은 그 어느 때보다도 시급한 교육적 과제가 되고 있다. 이러한 다양한 내용의 민주시민생활교육은 윤리교육을 통하여 구체화될 것으로 전망된다.

21세기 미래 사회의 모습은 지식 정보화 사회, 국제 개방화 사회, 민주 자율화 사회, 개성 다원화사회로 특징 지워질 수 있다. 또한 급속한 사회변동을 전제로 하는 불확실성의 시대라고 불리우기도 한다. 이러한 사회에 대응함에 있어 정형화되고 폐쇄적인 교육의 틀은 적합하지 못한 것으로, 새로운 형태의 총체적이고 통합적인 교육을 지향하는 평생교육의 이념이 제시될 것이다. 이러한 평생교육의 이념은 평생에 걸친 전 생애주기의 교육을 등가치적으로 중요시하고 유기적으로 연계 짓고자 하는 교육의 수직적 통합성과, 가정교육과 학교교육 및 사회교육이 균형적으로 이루어지는 교육의 수평적 통합성을 함께 지향하는 형태로 구체화될 것이다. 그리고 이러한 평생 교육의 맥락 속에서 사회구성원을 위한 교육의 핵심적인 내용은 민주시민 생활교육이 차지하게 될 것으로 전망된다.

또한, 점차 다원화되어가는 사회에서 민주시민으로서 갖추어야 할 지식, 기능, 태도를 가르치고 배우는 것은 기초교육의 기본내용이 될 것으로 전망된다. 민주시민으로서 생활교육에 필요한 내용에는 여러 가지가 있을 수 있다. 정보화 사회에 부응하는 민주시민교육으로는 정보심성교육, 환경교육, 평화교육, 여가선용교육, 진로교육, 경제교육, 정치교육, 인구 및 성교육 등이 있으나, 이 가운데서도 남북통일을 통한 민족공동체를 형성하기 위한 이념교육 또는 평화교육이라든가, 국제적 개방 또는 지구촌화 시대에 부응하기 위한 국제 이해교육 등과 같은 것이 오늘의 한국의 국가적 상황에 비추어 볼 때 시급하고 우선되어야 할 교육적 과제이다(대통령자문 21세기위원회, 1994: 926-927).

더불어, 민주시민을 위한 생활 교육은 통일교육을 포괄하게 될 것이다. 현재 이루어지고 있는 현행 통일교육을 승화 발전시켜서 평화교육이라는 보다 거시적인 체제를 갖추도록 할 필요가 있다. 이는 통일을 우리 삶의 영역으로 더욱 가까이 가져오고자 하는 삶의 자세를 상징하는 통일 대비교육과 실제 통일이 이루어졌을 때 사회통합을 이룩하도록 하는 구체적인 방법론으로서 통일 준비교육을 함께 시도하는 현재의 통일교육이 좀 더 심도있게 이루어질 것임을 표상하는 것이다.

궁극적으로 민주시민의식을 형성하기 위한 교육은 현재의 우리 사회가 단선적 사회에서 복선적 사회로 나아가는 과정상에 존재하는 아노미적 상황을 가급적 빨리 극복하도록 하는 데 핵심 역량을 집중하는 것이다. 이는 올바른 선악 개념과 행위규칙의 재정립과 정착을 추구하는 것을 의미한다. 특히 복선적 사회는 다가치적 사회라는 용어로 설명될 수 있는데, 이는 국민들끼리 서로 다른 계층을 도덕적인 측면에서나 문화 가치적인 측면에서 인정해주고 존중해 주는 사회를 의미하는 것으로서 다원화된 사회의 가치체계를 가르치고 배우는 사회 학습의 맥락 속에 중요한 의미를 지니는 것으로 제시될 수 있다.

특히, 이러한 다원주의적 사회에 있어서도 미덕이 없이는 삶의 충실성이 존재할 수 없다. 미덕은 도덕적으로 선한 행동을 하려는 용의이며 이는 수련을 통해서 획득된다. 이들 미덕은 아동들이 자기 자신의 책임으로 자기 연마를 할 수 있을 만큼 충분히 연습되고 판단 능력이 있을 때까지 도덕 교육을 통해서 그들을 도와줄 때 비로소 습득될 수 있는 것이라 하겠다(Brezinka, 안정수·엄호현 옮김, 1997: 96-97).

3. 다양한 응용윤리학 영역의 교육 확대

실천철학의 학문 분과이자 문제지향적 윤리학으로서의 특징을 지니는 응용윤리학은 다양한 형태로 제시되는 미래 사회의 윤리적 문제들을 해결하는 지침으로 사용될 수 있다. 한국 사회가 성장의 엔진으로 추구하고 있는 과학기술의 발전은 향후 6T로 상징되는 영역에서 발전을 추구할 것이다. 이러한 6T는 정보통신기술(IT), 생명공학기술(BT), 환경기술(ET), 나노기술(NT), 문화기술(CT), 우주항공기술(ST)로 대표된다. 이러한 기술들을 응용윤리의 영역에서 접근하면 정보통신윤리, 환경윤리, 생명의료윤리의 영역으로 크게 분류될 수 있다.

먼저, 정보통신윤리의 영역에서는 분권적이고 그로 인하여 자유로운 사이버 공간이 유토피아가 되기 위해서 자율적인 자기 규제가 바람직하다는 전제 하의 논의가 진행되고 있다. 특히 인터넷도 어떠한 형태로든 질서를 필요로 한다는 전제 하에 그 질서가 어떻게 부과되어야 할 것인가에 관한 문제는 시장의 힘, 규범, 암호, 법 등의 사회적 도구들의 상호작용 하에서 논의가 이루어질 것이다. 이때 기술은 그 자체의 힘을 지니고 있는 것이 사실이기는 하지만 그것은 정보 기술의 지배력을 극복하고 자유를 확보하기 위한 선택권이 바로 우리 인간에 있다는 점에서 기술과 그것의 대격에 해당하는 도구적 합리성의 압력으로부터 인간이 인간다움을 찾을 수 있는 근거의 제시가 이루어지는 방향으로 논의가 전개될 것이다(Spinello, 이태건·노병철, 2001).

다음으로, 환경윤리의 영역에서는 환경문제에 대한 개인의 참여가 확산될 것이다. 대기업과 환경운동가들의 실제적인 계획에서부터 하이브리드 자동차의 구입에 이르기까지 다양한 환경운동은 21세기를 특징짓는 현상으로 나타나고 있다. 특히 현재 지구라는 물리체계의 작동방식 자체를 변화시키고 있는 인류의 행동은 비가역적인 형태의 행동으로 나타나고 있다. 이러한 변화들은 전지구적인 차원에서 벌어질 뿐만 아니라 서로 연관되어 있으며, 피할 수 없는 것이라는 점이라는 측면에서 문제를 내포하고 있다. 이러한 환경과 관련된 문제는 생태계가 우리의 생존을 위하여 필수적이며, 생태계의 보호가 공공정책의 최우선의 목표가 되어야 함을 살펴볼 수 있도록 한다. 이러한 노력은 지배적인 사회 패러다임으로부터 새로운 환경에 관한 패러다임으로의 전환을 추구하는 형태로 실천적인 노력이 기울여질 것이다(Milbrath, 이태건·박지운·노병철 역, 2001: 211-242).

이어서, 생명의료윤리의 영역에서는 특히 인간의 본질에 관하여 우리가 지니고 있는 윤리와 정치적 권리 등이 인간 본성에 대한 평가에 근거를 두고 있으므로, 생명공학의 발달로 인하여 등장할 수 있는 유전자 조작을 통한 맞춤식 인간의 형성이 인간 본성의 변화를 가져오게 되며, 따라서 그러한 윤리적 원칙과 정치적 권리의 심각한 위협이 일어날 것임이 지적되고 인간의 본성에 관한 질문에까지 확대되어 생명공학에 관한 논의는 곧 자유민주주의 질서에까지 연결될 것이 전망되고 있다(Fukuyama, 최준명 감역·송정화 옮김, 2003: 32-39).

V. 결론

미래의 예측은 대체로 지금까지의 추세를 외삽하는 방법으로 투사하여 얻는 개연성의 미래 모습을 그리는 것이며, 여기에 인간의 희망과 의지를 실어 당위적이고 바람직한 장래를 가미하는 것이다. 그리고 이에는 인간이 이룩한 문명이 열어주는 가능성의 미래 또한 담겨있다. 미래는 우리가 만들기에 달렸으면서도 예측하기는 쉽지 않은 삶이기도 하다. 인간은 예언한 대로 이루어나갈 수 있는 예언의 자아완성적 존재이기도 하지만, 동시에 예견한 바를 뒤집어엎을 수도 있는 예보의 자체 파기적 존재이기도 하기 때문이다(김경동, 1996: 35-50.

윤리교육의 미래 전망을 시도하는 과정은 먼 길을 돌아 다시 윤리교육의 본질에 관한 내적 성찰을 시도하는 것으로 이어지게 된다. 윤리교육이 곧 윤리적 행동을 전제로 하는 것일때, 윤리적 행위는 특별히 분별적 행동이라고 할 수 있다. 이는 분명 의식적 행동이기는 하지만 이에 옳고 그름, 좋고 나쁨 등의 분별심까지 내재해서 생긴 행동이다. 그리고 그러한 분별심의 본질은 자유 의지의 행동이다. 타인의 완력이나 위협에 의하여 마지못해 한 행동이라든지, 또는 외계의 자연적·물리적 힘에 의하여 자기의 자유의지대로 행동하지 못한 데서 생긴 결과는 참된 의미에서 윤리적 행동이라고 할 수 없을 것이다.

아직 오지 않은 세계에서 이루어져야 할 윤리교육의 방향을 전망하는 것은 21세기를 전망하는 일련의 종합진단적 보고서를 통하여 제시되고 있는 인류 문명 자체의 변화 추세와 궤를 같이 하는 것이라 할 수 있다. 단순한 세기의 전환이 아니라 거대한 문명의 전환기를 맞이하고 있는 지금, 인간의 본질에 한발 더 다가서는 윤리교육이 이루어질 수 있도록 사회 구성원들이 함께 전망과 노력을 경주하는 것이 필요한 시점이라 하겠다.

참고문헌

강홍렬 외 9 (2006), 『메가트렌드 코리아』, 서울: 도서출판 한길사.

권태준 (1996), "미래학의 새로운 가능성", 『한국의 미래와 미래학: 덕산 이한빈 박사 고희기념 논문집』, 서울: 나남출판, pp. 19-34.

김경동 (1996), "미래사회와 인간주의", 김형국 편, 『한국의 미래와 미래학: 덕산 이한빈 박사 고희기념 논문집』, 서울: 나남출판, pp. 35-50.

김형국 편 (1996), 『한국의 미래와 미래학: 덕산 이한빈 박사 고희기념 논문집』, 서울: 나남출판.

대통령자문 21세기위원회 편 (1994), 『21세기의 한국: 2020년을 바라본 장기정책과 전략』, 서울: 서울프레스.

백낙청 외 15, (2004), 『21세기의 한반도 구상』, 서울: 창비.

서울대학교 21세기문화연구회 엮음 (1997), 『한국인의 미래상』, 서울: 집문당.

신사회공동선운동연합 엮음 (1998), 『변혁의 시대 어떻게 살 것인가』, 서울: 백산서당.

조선일보 편집국 편 (2000), 『세계 석학들이 본 21세기』, 서울: 조선일보.

하인호 (2005), 『한국인의 선택적 미래 2020』, 서울: 학지사.

한상진 (2002), 『21세기 미래학교의 새 패러다임』, 서울: 도서출판 양서원.

American Council for the United Nations University Millenium

Project, *State of the Future*, 박영숙 감역 (2005), 『UN 미래보고서』, 서울: 매일경제신문사.

Brezinka, Wolfgang, 안정수·엄호현 옮김 (1997), 『가치 불확실 사회의 교육』, 서울: 서문당.

Fukuyama, Francis, 최준명 감역·송정화 옮김 (2003), 『부자의 유전자 가난한 자의 유전자』, 서울: 한국경제신문.

Macrae, Norman (1984), *The 2025 Report*, NY: McMillan.

Mason, Colin (2003), *The 2030 Spike: Countdown to Global Catastrophe*, VA: Earthscan.

Milbrath, Lester, 이태건·박지운·노병철 역 (2001), 『지속가능한 사회』, 서울: 인간사랑.

Ochoa, George, Melinda Corey, *The 100 Best Trends*, 안진환 옮김 (2005), 『당신의 미래를 바꾸는 Next Trend』, 서울: 한국경제신문.

Popcorn, Faith, Adam Hanft, *Dictionary of Future*, 인트랜스 번역원 옮김 (2002), 『미래생활사전』, 서울: 을유문화사.

Rescher, Nicholas (1998), *Predicting The Future*, NY: State University of New York Press.

Spinello, Richard, 이태건·노병철 역 (2001), 『사이버윤리 : 사이버 공간에 있어서 법과 도덕』, 서울: 인간사랑.

계약론과 의무론

–사이버 공간에서의 구체화와 그 윤리교육적 전망

발행일 1쇄 2013년 5월 1일
지은이 김현수 **펴낸이** 여국동

펴낸곳 도서출판 인간사랑
출판등록 1983. 1. 26. 제일-3호
주소 경기도 고양시 일산동구 백석동 1178-1번지 2층
전화 031)901-8144(대표) | 977-3073(영업부) | 031)907-2003(편집부)
팩스 031)905-5815
전자우편 igsr@naver.com
블로그 http://blog.naver.com/igsr
인쇄 인성인쇄 **출력** 현대미디어 **종이** 세원지업사

ISBN 978-89-7418-310-3 93190

* 책값은 뒤표지에 있습니다. * 잘못된 책은 바꿔드립니다.